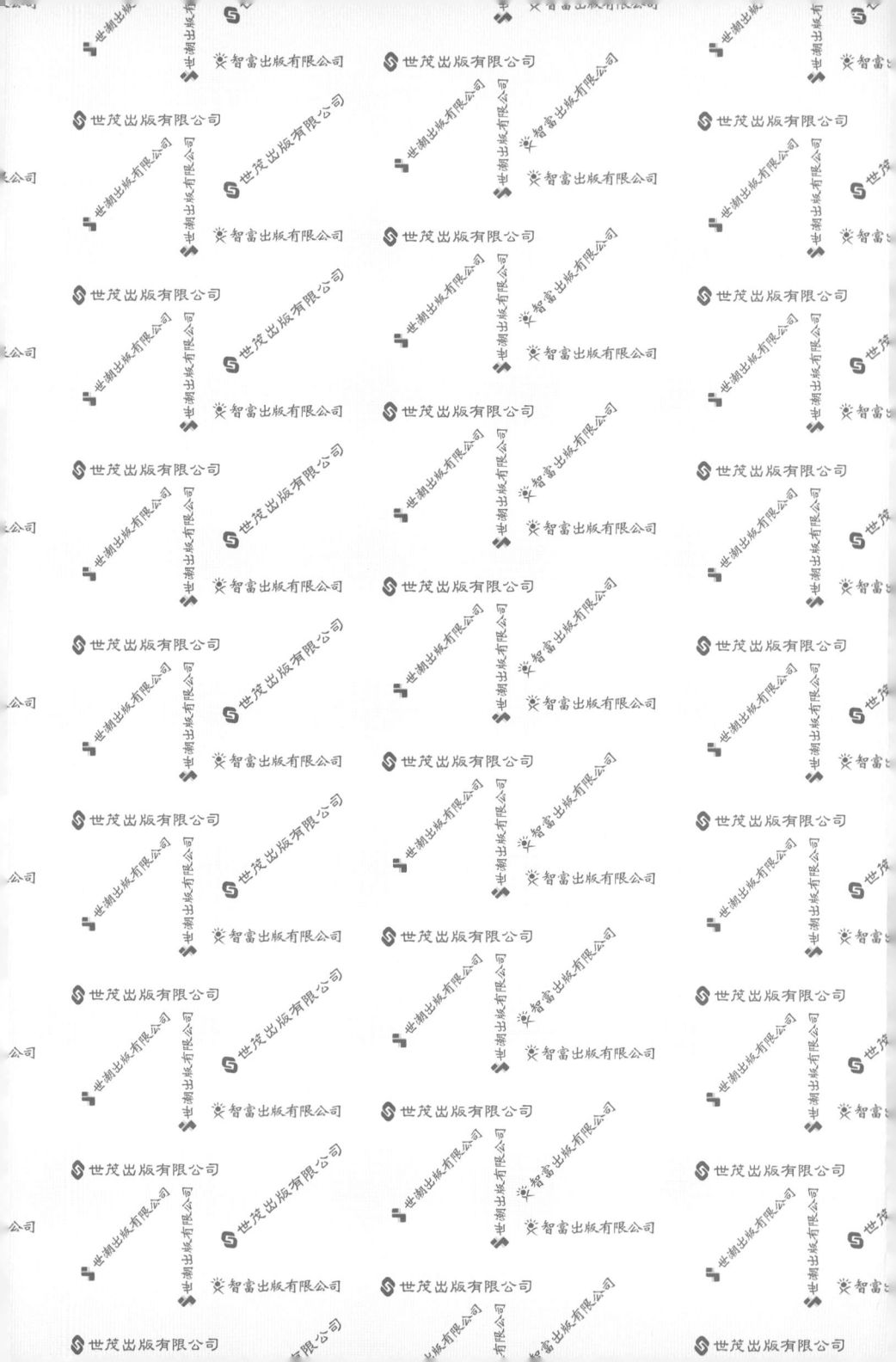

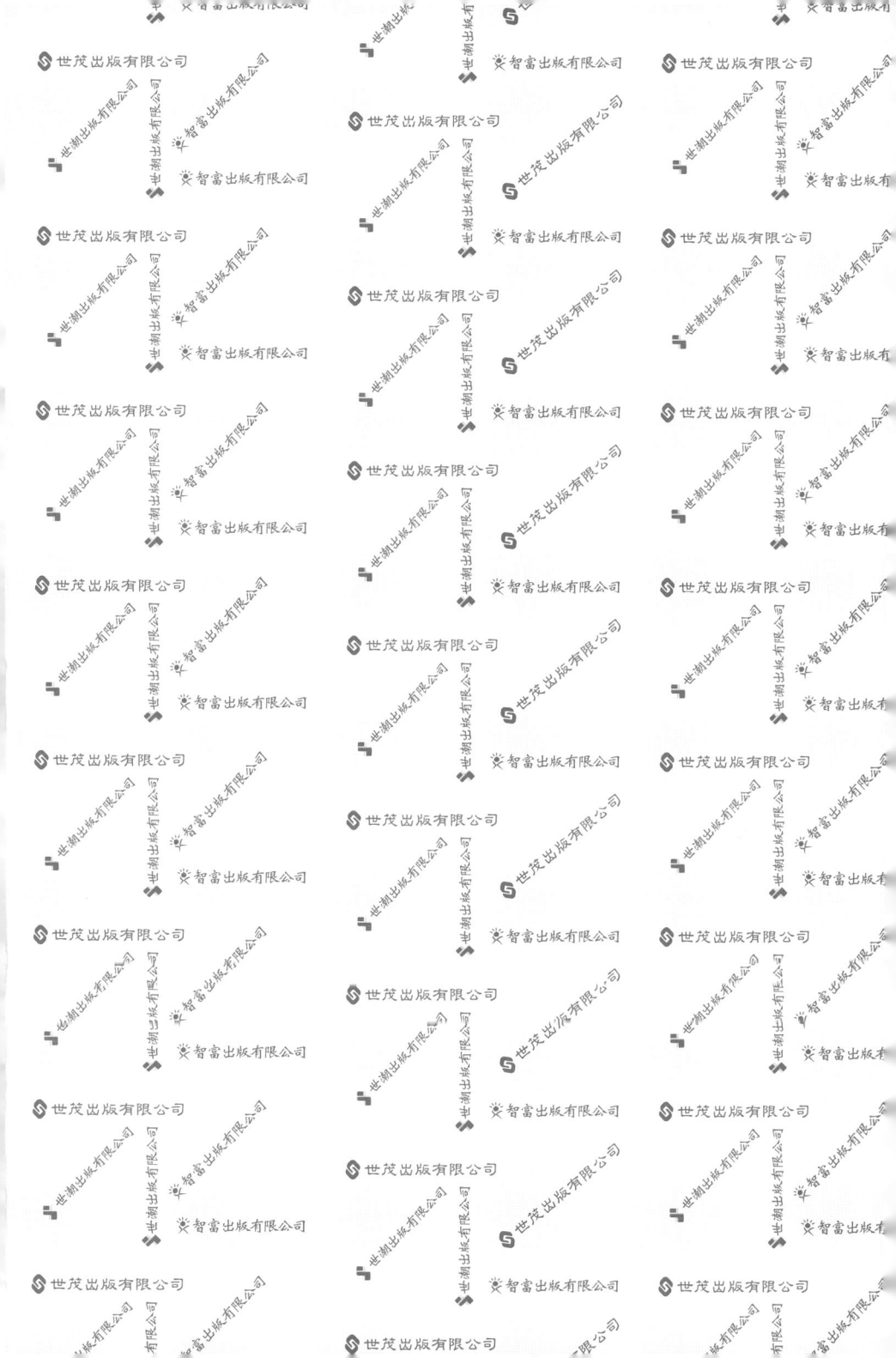

舒緩焦慮，找回內在平靜的心靈療癒指南

高敏感的你
要這樣守護自己

泰德・澤夫 ——著
詹婉樺 ——譯

THE
HIGHLY
SENSITIVE
PERSON'S
SURVIVAL
GUIDE

前言

我很高興可以介紹本書給高敏感族群（HSP）及其親友。如果你不熟悉何謂高敏感，這本由泰德‧澤夫（Ted Zeff）撰寫的著作將讓你更了解高敏感族群及其在這世界上的生存方式。此外，在閱讀每一頁時，你都能感受到作者的關懷及尊重。

本書中，泰德‧澤夫分享了許多深刻見解、詳細回答高敏感族的常見問題，並提供新穎且實際的建議以促進高敏感族身心健康。最重要的是，他面對高敏感族群充滿關懷和尊重的態度堪稱典範。有他如此關注這個議題，是我們的幸運。

如果你熟悉我的著作，你將會發現泰德與我面對許多事情的態度截然不同，這或許很出人意料。我們要了解，雖然人類的神經系統基

本上很相似,但面對問題的態度和思考方式可能非常不同。看待事物的觀點當然是越完善越好,而泰德做到了這一點。

——依蓮・艾倫博士

序

「**我**真希望那些鄰居可以把音樂調小聲一點。我已經快抓狂了,再也受不了了。」

「什麼音樂?我什麼都沒聽到。別讓噪音干擾你。你是不是有什麼問題?」

你可能會對噪音、氣味、光線敏感,或者在面對人群和時間壓力時感到不知所措,或者無法隔絕感官上的刺激因子,但這些都不是你的問題。

你可能只是世界上百分之 15 到 20 的高敏感族群。你的高敏感或許已在人生中對你構成挑戰。舉例來說,當有人告訴你,因為你跟別人不一樣,所以你是有缺陷的,你可能會感到自尊低落;或者在與喧

鬧、具攻擊性的人互動,抑或持續暴露在刺激因子之下時你會感到焦慮和壓力。在本書中,你將學到上百種因應策略,來幫助你在這個充滿侵略性和刺激的非高敏感世界存活並成長茁壯。隨著閱讀本書、實踐新策略來管理自己的特質,你將能夠開始欣賞自己的敏感特質,並了解身為高敏感族群的好處。

本書並非只是寫給高敏感族群。非高敏感族群也可以閱讀本書,以支持他們高敏感的朋友及親屬。本書提到的因應策略也能協助非敏族在生活中體會到更多內心的平靜。

撰寫本書的緣由

我清晰地記得在五年級時,學校的一切都讓我感到難以負荷,我開始經歷焦慮和失眠。當時,在偌大且嘈雜的教室裡,我無法排除刺激因子,因而變得異常焦慮和緊張。到了七年級,我的校園生活變得更加糟糕。我在教室裡持續出現嚴重的反應,幾乎完全無法專注在學習上。為了找出我在家裡和學校「過度反應」的原因,父母帶我去看心理醫師。不幸的是,這位非高敏感心理師並不知道我其實是高敏感族群,只是將一切怪罪於我沒有能力處理過度刺激。

二十年後,當我在攻讀心理學博士並研究壓力管理,我發現我整個人生中焦慮的根源,其實是來自我的敏感特質以及對隔絕刺激因子的無能為力。我開始意識到,試圖融入這個充滿侵略性、過度刺激的世界,只會讓我的壓力情況更加惡化。因此,我開始在生活中進行重

要的改變——減少過度刺激的行為、維持合適的運動習慣、改變飲食,並開始融入日常放鬆技巧。我也開始學習接納和欣賞自己的敏感特質。

我的學士後課程引領我更深入探索高敏感族群的營養、冥想和全面性療法等領域。根據我的研究和實驗,我開始為醫療團體、醫院和大專院校教授關於壓力管理的課程。現在,我則為高敏感族群提供因應策略課程。我的高敏感學生和我本人都從這些因應策略中獲益良多,有機會藉由本書與眾多讀者分享是我的榮幸。

你將學到什麼?

在這本書中,我將提供各位我作為一位高敏感人士及心理學家獲得的人生智慧。這包括了探索「高敏感特質」是什麼意思,特別是在這快速、過度刺激的世界中。本書也涵蓋了實用的技巧和策略,將幫助各位成為一位游刃有餘的高敏感人士。各位將了解社會在大多數時候是如何強化高敏感族群的自我負面形象,以及如何欣賞自己的敏感特質。你將探索如何改變危害內在平靜的習慣。我將介紹具體的冥想練習,幫助你維持一整天的靜心與平靜,並引導你制定詳細的早晨及睡前例行活動,以減輕過多刺激因子帶來的影響。本書涵蓋了許多平靜感官的方法,以及具體處理時間壓力的技巧。你將學到如何透過專為高敏感族群打造的適當飲食、運動和營養品計畫來維持身體健康。過度刺激與睡眠的關係很重要,而我們將著重探討改善睡眠習慣,你

也將學到一些創新的放鬆技巧以睡得更好。你可能沒想過身為高敏感族群會對人際關係有什麼影響，但這是高敏感人群生活中一個有趣且重要的面向。我將分享與家人、朋友和同事建立和諧關係的具體技巧，將這個工具加入你的高敏感百寶箱中，必定會帶來許多好處。我們將討論今日高度競爭的工作環境會對高敏感族群帶來哪些獨特的挑戰，以及許多應對工作壓力的解決方案。這個計畫包括改變困難工作環境的實際方法，以及打造全新無壓力工作的建議。你將開始了解你與生俱來、感受深層靈性體驗的能力，能幫助你體驗內在平靜。我將提供滋養敏感靈魂的實用資訊，你也將開始體會到靈性生活的好處。我們將檢視許多來自高敏感族群如何處理棘手情況的問題，你也會學到實用的解決方案。其中的一些問題包括：如何與喧鬧無理的鄰居、惱人同事還有無視你敏感特質的親戚打交道。最後一個章節則包含了完整的高敏感療癒選項指南。還有推薦給高敏感族群的書單和網站清單。了解我撰寫本書的原因，以及你將學到什麼後，現在就開啟邁向內心平靜的新旅程吧！

致謝

伊蓮‧艾倫博士所撰寫關於高敏感族群開創性的著作，促成了這本書的誕生，我很感激她提供的一切支持。我很感謝所有在課堂上跟我分享故事的學生們。感謝 Jeanette Allen、Sharon Flowers 和 Pam Jung 協助編輯。感謝 Andy Shedd 提供技術支援及 Linda Johnsen 提供的建議。我想感謝我的姪女 Rebecca Anderman 鼓勵我撰寫本書、文字編輯 Carole Honeychurch 提供絕佳的支持，以及採購編輯 Spencer Smith 對這個企劃的信任。我特別感激我的靈性導師 Ammachi，她對全人類無條件的愛，啟發了我與數百萬人過上更富有同情心、平衡且充滿喜悅的生活。

目錄

前言 / 3
序 / 5
致謝 / 9

1	開始認識高敏感族	13
2	為日常生活中的過度刺激做好準備	37
3	平靜感官及應對時間壓力	51
4	維持健康的身體	75
5	不再失眠：睡眠改善計畫	97
6	高敏感族如何建立和諧的人際關係	123
7	建立平和的工作環境	149
8	撫慰高敏感的靈魂	165
9	回覆高敏感族的常見問題	183
10	選擇適合你的療癒方式	201
參考資料		217

1

開始認識高敏感族

「我再也忍受不了這樣的工作壓力了。我隔壁的同事整天都用刺耳又大聲的聲音說話，我的老闆不斷指派給我不合理的工作排程。我每天下班時都感到筋疲力盡，焦躁不安，腸胃像是打結一樣絞痛。」

「我的家人很喜歡到處趴趴走，嘗試新的冒險，而我下班之後或週末都不喜歡出門，只喜歡待在家，我懷疑自己是不是有什麼問題？」

這些話聽起來似曾相識嗎？如果是，你可能就是高敏感族群的一員。

何謂高敏感族？

自從依蓮・艾倫於 1996 年出版了標誌性著作《高敏感族自在心法：你並不孤獨，只是與眾不同》（生命潛能，2017年），成千上萬的高敏感族開始意識到他們高度敏感的神經系統原來不是一種缺陷。世界上大約有百分之 15 至 20 的人群難以隔絕刺激，而且很容易因為噪音、人群和時間壓力而感到難以忍受。高敏感族通常對疼痛、咖啡因及暴力電影非常敏感，他們也很容易因為亮光、明顯的氣味或生活上的改變感到極度不適。作為《高敏感族自在心法：你並不孤獨，只是與眾不同》的姐妹書，你將在本書中學到上百種全新的因應策略，幫助你在這個充滿刺激的世界中保持平靜，將高敏感特質轉化為內在的平靜和喜悅。

高敏感族或許會覺得在這個強調侵略性和過度刺激的社會成長充滿挑戰性。我是看著約翰・韋恩（John Wayne）這樣的英雄長大的，在那個時代，真男人應該健壯、強悍又安靜。我身為高敏感的小男孩，在學生時期就顯得與他人格格不入，總覺得自己有先天上的缺陷。早年，我以為自己糟糕透頂，因為我誤信了「敏感很噁心」這個謊言。我在成長過程中經歷過的所有痛苦情緒，基本上都源自於我對敏感神經系統的理解不足。

就算是成人，還是有可能缺乏對敏感特質的理解。高敏感族深受快速且侵略性的現代工業化社會的負面影響。無論是媒體上氾濫的暴力，或是都市嘈雜的噪音，都可能讓你感到精疲力竭、永遠處在過度

刺激的狀態。因為高敏感族是人口中的少數，你可能會內化非敏感族社會大多數人的標準。不幸的是，當你試圖融入過度刺激、失去平衡的世界，你的身體、精神、心靈和健康都會受到損害。

高敏感族群測驗

多年前，我在進行依蓮‧艾倫版本的高敏感族自我檢測時，還以為這分問卷是為我量身訂做的，因為我對每個問題幾乎都不假思索地回答「是」。然而，高敏感人之間也有諸多差異。有些高敏感人覺得噪音罪不可赦，但氣味卻無妨。有些高敏感人不在意噪音，卻極度厭惡亮光。

「高敏感」一詞可能會激起正面或負面的反應。我的 Microsoft Word 應用軟體上的同義詞庫列出了高敏感的同義詞：同情心、憐憫心、理解和仁慈。然而，我訪問過的受訪者表示，「高敏感」一詞引發了羞愧和無價值感，而我觀察到，這些受訪者都在高敏感自我檢測時試圖降低他們的分數。

現在，許多進步主義人士相信敏感是種正向特質。我在主持問卷調查時，這些受訪者並不想表現得「不敏感」，而且我注意到他們會花很長時間回答每個問題，試圖放大他們的敏感特質。當你在回答高敏感族自我檢測問題，請留意你對「高敏感」一詞的感受。

高敏感族群自我檢測*

根據你的感覺回答以下問題。如果部分符合事實,請回答「是」。如果不太符合或完全不符合事實,請回答「否」。

我似乎意識到了環境中的微妙之處。	T	F
別人的情緒會影響我	T	F
我對疼痛很敏感。	T	F
我發現自己須要遠離忙碌的日子,躺在床上或黑暗的房間裡,或者任何可以讓我有一些隱私和放鬆的地方。	T	F
我對咖啡因的影響特別敏感。	T	F
我很容易被明亮的燈光、強烈的氣味、粗糙的織物或附近的警笛聲淹沒。	T	F
我的內心世界豐富而複雜。	T	F
大聲的噪音讓我感到不舒服。	T	F
我會被藝術或音樂深深打動。	T	F
我很認真。	T	F
我很容易受驚。	T	F

---

* 摘自依蓮・艾倫《高敏感族自在心法:你並不孤獨,只是與眾不同》,© 1996 依蓮・艾倫版權所有。Citadel Press 出版社出版。經肯辛頓出版公司(Kensington Publishing Corp.)許可重印。

當我在短時間內有很多事情要做，我會感到不安。	T	F
當人們在物理環境中感到不舒服，我傾向於知道須要做什麼才能讓人們更舒適（比如改變照明或座位）。	T	F
當人們試圖讓我同時做太多事情，我會很生氣。	T	F
我努力避免犯錯或忘記事情。	T	F
我儘量避免觀看暴力電影和電視節目。	T	F
當我周圍發生了很多事情，我會覺得不快。	T	F
覺得很餓時我會產生強烈的反應，注意力或情緒也會受到擾亂。	T	F

計算分數

如果你的回答超過十二個「是」，你就很有可能是高敏感族。但老實說，你不應該將任何心理測驗的結果奉為圭臬。如果只有一個問題回答為「是」，但這個問題極度困擾你，那你或許也能稱自己是高敏感。

高敏感族群的神經系統

在 2003 年 11 月 10 日與專業神經科學家凱洛琳‧羅伯森（Carolyn Robertson）的訪談中，我發現了高敏感族更經常處於 Theta (θ)腦波。這個狀態中的人們更傾向於直覺感受，能夠更深入地體驗光線、聲音和細微的震動。雖然經驗豐富的冥想者（無論其敏感程度如何）經常處於 Theta 狀態，但他們能夠透過集中注意力來隔絕掉感官感受。

然而，沒有專注內省的時候，高敏感族會完全吸收刺激，因而比非敏感族更快且更容易感到心力交瘁。有人可能會說那是他們無法隔絕不重要的刺激因子，但誰說這種特質不重要呢？在火災發生之前，一般人可能也會感覺注意到逃生口的位置在哪裡是無關緊要的。

高敏感族必須學會忽略或保護自己免於不想要的刺激影響，尤其是那些曾有過不好的童年經驗者。他們表示，為了避免過度刺激，曾有過長期且痛苦的無力感（艾倫，1996 年）。唐娜是一位年約四十五歲左右、聰慧迷人的女子，她曾是我高敏感課程的學生。她告訴我過去在家裡和學校都無法遠離一連串的負面刺激攻擊，使她的神經系統承受了嚴重的情緒反應。

唐娜勇敢地在課堂分享她的父母在她十三歲時帶她去看神經科。她的腦電圖（EEG）顯示她的腦波模式異常，這可能是導致她對刺激因子強烈反應的原因。這位神經學家建議她吃藥來減緩對刺激的強烈反應，而唐娜也感覺藥物很可能改善了她的病情。但是，事後回顧整件事情，她表示，如果她是在充滿支持和關愛的環境中長大，大家理解並接受她的敏感特質，那麼她很可能不會經歷那麼強烈的情緒反應，也不會須要依賴藥物。雖然藥物在某些情況下可能有幫助，但建議仍可先採取全觀性的方式來應對敏感的神性系統。

社會價值與敏感特質

　　過去的十到二十年間，社會變得更加包容敏感特質，我們也見證了一些美好社會價值的進步。雖然大多數男性被教育得要表現強悍並壓抑情緒，但許多進步主義的男性現在則認為敏感是一種正向特質。近幾年來，媒體不斷呈現壓力相關疾病和高壓工作環境之間的關聯，使人們有機會思考為了高壓工作損害健康是否值得。

　　雖然現在進步主義的次文化接納敏感特質，並視其為男女皆可擁有的寶貴價值，但社會上的過度刺激仍正在以令人擔憂的速度增加。1960年代的流行音樂是純情的「我想牽著你的手」，而今日喧鬧刺耳的音樂，歌詞則經常充斥著髒話及暴力。上世代的人們在校園最糟糕的罪行是逃課，而現在許多城市裡的學校卻都安排了警衛並加裝金屬探測器，以避免校園槍擊案的發生。

　　1950年代，美國的電視台只有三、四家，今天則有多達一千家電視台，播放充斥著大膽性畫面與無端暴力的節目。數百萬支手機取代了家用電話，成為了現代社會的標準配備，促成了整個世界的喧囂和雜音。最近我在科羅拉多美麗的山頂上健行，享受寧靜雄偉的自然景觀時，一位男子怒氣沖沖地走過我身邊，對著手機大喊：「我不是叫你把股票賣了嗎！」

　　三、四十年前，大家喜歡去小雜貨店買東西，跟老闆或店員有比較親切的交流。在現今的大都市，幾乎所有家庭商店都被大型連鎖企業所取代，「家得寶」（Home Depot）應該叫做「家得吵」

（Stimulation Depot），而「玩具反斗城」（Toy R Us）應該叫做「噪音反斗城」（Noise R Us）。你須要與蜂擁而至的顧客在成千上萬的商品中搶奪特價品，或者四處張望，尋求寥寥無幾、低薪又勞累的店員的協助。有鑒於這種高強度的刺激，你可以了解為什麼高敏感族經常感到今日的購物是種耗費心神的體驗。我記得看過一部卡通，它在描述一位年輕女子買牙膏。她看著琳瑯滿目的牙膏品牌，感到不知所措：防蛀牙、含氟、不含氟、預防牙齦炎、強效美白、凝膠、條紋、專為吸煙人士設計的去煙漬牙膏、護齦牙膏、大包裝省 15%、特大包裝省 20%。在檢視完不計其數的產品後，她累得必須回家躺著休息。

年齡是決定我們刺激敏感度的因素之一。兒童和老人更容易受到過度刺激的影響。由於兒童尚未發展出表達自己的能力，他們經常會有激烈的反應〔想進一步了解高敏感兒童，請閱讀伊蓮・艾倫博士所著的《孩子，你的敏感我都懂》（遠流，2023年）一書，她在書中簡潔有力地描述了養育敏感兒童的獨特挑戰〕。在青少年和青年階段，高敏感族對過度刺激有較高的容忍度。某些高敏感青少年有時甚至可以容忍大聲的音樂或是數小時的夜晚派對。隨著年齡增加，對刺激的容忍度會降低，許多中年的高敏感族會早點上床睡覺並減少外出，這是很常見的事。但是，你須要找到過多和過少刺激之間的平衡。到了六十五歲，容忍刺激的能力會更明顯地降低。

大部分的國家都強調「勝者為王，敗者為寇」，適應大多數社會非敏感族的價值對於高敏感族來說頗具挑戰性。高敏感族的適應性取決於他們成長的文化。一項針對加拿大與中國學童的研究發現，加拿

大的高敏感兒童是最不受喜愛和尊重的,而中國的高敏感兒童則是最受歡迎的(艾倫,2002年)。之前有位來自泰國的外籍交換學生——托恩——和我住在一起一年。托恩初到美國時,是個性格敏感溫和的十六歲男孩。他告訴我泰國人講究溫良恭儉讓。大部分的泰國人說話輕聲細語、待人和善,他們或許是世界上最溫柔的人群之一。當我觀察他和他的泰國朋友說話,我注意到他們的語氣溫柔、旋律美妙。對托恩來說,要適應肉弱強食的美國高中校園非常困難,在這裡,男性被期待要強悍好鬥,而敏感溫和卻被視為有缺陷的特質。托恩學會了否認他的敏感特質,試著變成更加自信果敢的人,才得以在非敏感的西方文化中生存。

各國人民接觸到的刺激程度都不盡相同。一分研究指出,荷蘭的嬰兒比美國的嬰兒更為平靜,因為美國人通常會讓嬰兒暴露在更多刺激中(艾倫,2002年)。在印度,兒童在成長的過程中會經歷大量的刺激,這對高敏感族是一大挑戰。但是,印度的高敏感族也會變得更習慣持續不斷的噪音。我訪問了一位來自印度的高敏感男性——拉梅什,他當時已經在美國居住了五年。拉梅什表示,他在美國住得越久,就越習慣安靜的環境,而回訪印度的時候也變得更加困難。但是,因為他從小在極度嘈雜的環境長大,他告訴我,他最終能夠適應母國的過度刺激,過度的噪音也不再那麼困擾他。

在過度刺激環境中長大的高敏感族能更輕鬆地應付過多的刺激,相較之下,在刺激較少的社會中成長的高敏感族會遇到更多適應困難。一位高敏感美國女性告訴我,她到印度參加靈性之旅,學員有西

方人也有印度人,而她的故事詳細闡述了美國人有多需要安靜的空間。她說有兩個大房間,所有女性都睡在地板上。在其中一個房間,所有印度女性都蜷縮在房間的一角,互相觸碰,像極了一窩剛出生的小狗,而在另一個房間,所有睡著的美國女性彼此之間都距離了約一公尺遠。

同樣的道理,如果一位來自蒙大拿州鄉村的高敏感人搬到了曼哈頓,她會很容易受到感官上的侵擾。相反地,習慣城市過度刺激的敏感人群也可能難以適應安靜的鄉村環境。我住在加州風景如畫的內華達山脈時,有位住在舊金山市中心的朋友週末來拜訪我。他對缺乏刺激感到焦慮,讓他忍不住想驅車前往車程約三十分鐘的最近城鎮。一位住在都市鬧區的高敏感學生告訴我,她最近一次到鄉下探訪時,由於鄉間太過安靜,反而導致她難以入睡。

高敏感族,感謝有你

透過了解、接受和欣賞敏感的神經系統,並學習實際的因應方法,你將慢慢能夠辨識並放下內化的錯誤觀念,例如覺得自己本質上有問題。在這個重視過度刺激、競爭和侵略性的社會,高敏感族是為數甚多的少數族群。為了讓社會順利運行,我們須要在非敏感的士兵和執行長,以及大多數的高敏感諮商師和藝術家之間找到平衡。

事實上,如果有更多的高敏感人,我們的世界很可能變得更健康、戰爭、環境破壞及恐怖主義將變得更少。正是高敏感族的敏感特

質協助制定了抽菸、汙染和噪音的法規。然而，我們也須要認知到，許多非高敏感族是富有同情心且善良的，而有些高敏感族也可能是非常粗魯無禮的。其實，我的父親雖然是非高敏感族，但他是我認識最體貼、有愛心的人之一。

大多數的非高敏感族心地善良，但是在大多數社會中，他們侵略性的特徵會進一步被媒體放大，例如某些大公司的非高敏感族執行長嚴重地破壞了環境，毫無節制地鑽油井、濫伐森林以及汙染環境。高敏感族有一項重要的任務，就是制衡某些非高敏感人過於侵略性的行為，後者倡導對於人類、動物和大自然較不友善的政策。雖然可能有人跟你說，你太敏感了，但實際上非敏感價值的氾濫，已使得這個世界瀕臨崩潰，而我們拯救地球唯一的希望，是透過敏感與善良來對待萬物。

儘管我們的特質可能帶來挑戰，但高敏感族最棒的一些優點可能包括：認真盡責、能夠深刻地欣賞美、藝術和音樂。因為我們擁有敏感的味蕾和嗅覺，所以也非常能夠品味美食，享受芬芳的自然香氣，如花香等。我們的直覺性很強，容易擁有深刻的靈性體驗。我們會比非高敏感族更快察覺到潛在的危險，像是感覺到有蝨子在皮膚上爬行。我們也非常注重安全問題，在遇到緊急狀況時，通常是最先知道如何離開大樓的那群人。我們很重視用人道方式對待動物。我們大部分很善良、富有同情心且善解人意，是天生的諮商師、老師及療癒者。我們對人生充滿熱情，在沒有過度超載的情況下，會比非高敏感族能更深刻地體驗愛和喜悅。

大多數的非高敏感文化有時會負面地評論我們的敏感特質。所有的社會通常偏好非高敏感族，高敏感族在社會上都是少數（艾倫，1996 年）。當你表示需要安靜、因為工作或家中的責任感到崩潰，你可能偶爾會聽到非高敏感人說：「那是你的問題。」因敏感的神經系統受到批評，就像是因膚色、宗教或國籍被歧視一樣。如同其他少數群體，重要的是我們努力教育大眾何謂敏感的神經系統、接受我們的敏感特質，並學習因應主流的非敏感文化。

你不必舉牌示威：「敏感就是力量！」（你大概也受不了示威遊行的噪音和刺激），但學習如何提升自尊心會是個好方法。閱讀高敏感族相關書籍〔依蓮・艾倫所著的《高敏感族習作本》（暫譯。*The Highly Sensitive Person's Workbook*）是重新理解你童年敏感特質的絕佳方式〕、參加個人或高敏感團體諮商和課程來了解你的特質，並採納本書中許多的建議，你將能夠提升自己的自尊心、與其他的高敏感族發展出新的友誼，並試著避免與喜愛批評、讓你感覺差人一等的非敏感族來往。還有非常重要的一點是，請不要把自己與他人比較，或是試圖與非高敏感族競爭。

高敏感族因應策略

如果有人告訴你，你太敏感了，事先準備好一套回應會很有幫助。你可以告訴非敏感族：「根據依蓮・艾倫博士的研究，高敏感族群約占總人口的 20％（男女比例均等）。這群人擁有更敏銳的中樞神

經系統，因此對環境刺激（無論是正面還是負面）更為敏感。這些刺激可能包括噪音、氣味、強光、美景、時間壓力或疼痛。我們往往比大多數人更深刻地處理感官刺激。這是個既令人愉悅又充滿挑戰性的特質。」值得注意的是，告訴他人你的敏感特質時須謹慎。如果你覺得對方可能會嘲笑或不重視你的敏感性，最好不要分享這些資訊。有些高敏感的學生告訴我，因為他們的家人或同事不接受他們對敏感性的解釋，反而讓他們感覺更糟。

由於你生活在大多數人並非高敏感族群的文化中，學會妥協的藝術就很重要，不要期望他人總是會為了遷就你而做出生活方式的重大改變。有一位住在城市公寓裡的高敏感人表示，她的鄰居每晚都會大聲播放音樂。她告訴我，她與鄰居協商，雙方同意了妥協方案：降低平日晚上的音樂聲，但在週五和週六晚上，鄰居可以在特定時間內大聲播放音樂。

當你感到不堪負荷而請求他人做出改變，重要的是要禮貌地表達，而不是責怪那些喜歡強烈刺激的人。向他人提出要求時，事先準備好一段陳述會很有幫助。例如，如果你希望某人安靜一些，嘗試在提出或寫下這個要求前，先與對方建立良好的關係。向對方解釋你對噪音敏感之後，告訴對方你希望確保他們可以接受你的要求且不受困擾。告訴對方，如果他們能在特定時間保持安靜，你會非常感激。然後詢問你可以為對方做些什麼，來讓他們生活得更輕鬆。最後，你可以為這個要求可能給他們的生活帶來的不便表示歉意，感謝他們的體貼和理解。

接受自己的敏感特質，不要模仿非高敏感人的行為，這點很重要。我記得從加州飛往聖路易斯參加家庭聚會時的那趟刺激旅程讓我感到筋疲力盡。當我們抵達我妹妹的家，我那非高敏感的兒子大衛和其他非高敏感的親戚一起出門看午夜場電影，而我則須要立即躲進一個安靜、昏暗的房間休息。因為沒有與我的非高敏感親戚一起外出，我得以從這段刺激的旅程中恢復過來。

高敏感族感受到的痛苦比非高敏感族更加深刻，許多人表示，當他們經歷身體疼痛，他們會立即調查問題的原因並試圖減輕不適。非高敏感族通常能忍受更多的疼痛。一位非高敏感的朋友告訴我，他曾經摔斷了腿，但他能忽視疼痛，甚至持續木匠工作了一個月。對於高敏感族來說，硬撐是行不通的。

你須要在創造過多刺激（導致焦慮）和過少刺激（導致無聊）之間找到平衡。例如，如果你覺得在電影院裡的人群刺激過於強烈，你可以選擇在非高峰時段（如平日下午）去看電影。你也可以租影片來看，儘管有些高敏感族反應，在喧鬧的錄影帶出租店中選擇一部非暴力的影片也不是件簡單的事。你還可以在晚餐尖峰時間之前去餐廳。許多餐廳都有提供早鳥優惠，這樣你就可以享受到既平靜又經濟實惠的用餐體驗。

你須要運用判斷力，知道什麼時候應該逼自己面對刺激，什麼時候應該避免被壓垮。有時候，你須要逼自己去遠足或參觀博物館（非高峰時間），而不總是躲在家中寧靜的堡壘。喬治是一位四十多歲的高敏感族，他和兒子朱利安去了遊樂園。喬治告訴我，朱利安懇求他

參加卡丁車比賽。喬治告訴兒子，他無法承受繞著賽道開危險賽車的刺激。但是，朱利安非常堅持，喬治最終同意嘗試駕駛賽車。他小心翼翼地感受車輛和賽道的狀況，停下來檢查所有潛在的危險。隨著喬治慢慢開始感到更加安全，他駕駛賽車的速度也變得更快，並在比賽後感到心情振奮。

我住在鄉村時，剛好有機會學習駕駛拖拉機。儘管起初我對操作這麼危險的設備有些猶豫，但在掌握這項技能後，我獲得了一種滿足感。不過，我不認為高敏感族會想要加入重型設備操作員的工會。

如果你更喜歡從事像繪畫、寫作或閱讀這樣的放鬆愛好，就無須認為你必須參與刺激性的活動。有些人會不斷追求外在刺激，以避免內省和探索自我。對於高敏感族來說，每天花點時間冥想或進行安靜的活動，有助於在過度刺激的世界中找到平衡。

有時當你感到無力，可能會更容易被刺激所淹沒。我觀察到，當高敏感族能夠控制自己所接觸的刺激量，他們受到的干擾會大幅減少。羅伯特是一位中年高敏感人，他無法忍受環境中的任何噪音。他住在偏遠的鄉村地區，很少離開家。為了減少刺激，羅伯特在寧靜的鄉村環境中設立了家庭辦公室，這樣的安排非常理想。我最近拜訪了羅伯特和他的妻子，那時工人正在他們家進行翻修工作。持續不斷的敲打聲和電動工具的噪音讓我感到非常不安，我很驚訝羅伯特竟然對過度的噪音無動於衷。他告訴我，因為他知道，只要他想讓木匠們安靜下來，他隨時可以叫他們停止工作，所以這些噪音並不困擾他。

同樣地，雖然狗叫聲會讓我發瘋，但是當我的狗在叫，我卻從來

不覺得困擾，因為我知道自己隨時可以叫牠停止。當處在過度刺激的情境中，你可以問問自己，怎麼做才會感覺對情況更有掌控力，而不是成為刺激的受害者。憤怒源於無力感，一旦你賦予自己力量，憤怒通常就會消散。

高敏感男性

敏感的男性在充滿侵略性的西方文化中將面臨特別的挑戰。從小，男性就被教導要表現得強硬，不要流露情感。根據《真男孩》（暫譯。*Real Boys*）一書的作者威廉・波洛克（William Pollock）的說法，每當男孩不遵循「男孩守則」，表現出溫柔和情感，他們通常會被排斥和羞辱（1998年）。高敏感的男孩學會否認真實的自我，以得到同伴的接受和認可。這種否認會伴隨著恐懼、焦慮和自卑感。保羅・凱弗爾（Paul Kivel）在他的書《男人的工作》（暫譯。*Men's Work*）中寫道，男孩被放進「男子漢」的框架裡，這代表他們必須具有侵略性、強硬、堅強、掌控力和積極性。根據《養育該隱》（*Raising Cain*）的作者丹・金德隆（Daniel kindlon）和邁克爾・湯普森（Thompson Michael）（這本書是關於保護男孩的情感生活）所述，如果男孩表達出恐懼、焦慮或悲傷等情感，他們會被視為女性化，周圍的成年人通常會以某種方式暗示這些情感對男孩來說是不正常的（1999年）。

一位高敏感的男子丹告訴我，當他還是個男孩，經常和朋友們一起去看電影。他會假裝非常喜歡那些血腥和暴力的場景，但其實偷

偷地別過頭不看。他總是害怕其他男孩會發現他避開螢幕，然後嘲笑他。他還告訴我，他在初中時因為沒有關注當時的體育賽事而被羞辱。有一次，坐在丹旁邊的男孩問他喜不喜歡某一場重要比賽，丹回答他不知道有這場比賽，這個男孩就開始嘲笑他，並跟其他男孩說丹是個書呆子。從那天起，丹就決定每天都閱讀報紙體育版，以被其他男孩接受。丹還告訴我，他不喜歡打架。然而，為了避免在高中被那些好鬥的男孩欺負，他去上了武術課。雖然大多數敏感的男孩不會特別喜歡拳擊這類暴力運動，但學習武術對一些敏感的男孩可能會有用處，這樣他們可以避免被暴力的惡霸傷害或羞辱。

社會上，敏感通常令人聯想到女性化和軟弱，這可能會讓男性感到非常沒有男子氣概。有時，敏感的男性會內化錯誤的信念，認為自己的溫柔和無法忍受刺激有問題。一位敏感的男士告訴我，當他還是個男孩，他被教導不應該讓任何事情困擾他。他盡力遵循刻板印象中的「男性化」生活方式，每天去健身房鍛鍊，與妻子保持良好的性生活，並否認自己的敏感。然而，他在模仿非高敏感男性價值觀的過程中卻不斷在經歷焦慮。

艾力克斯是一位高敏感父親，他有個十二歲的高敏感兒子諾亞。艾力克斯小時候曾因為不符合男了氣概的硬漢形象而受苦，所以每當諾亞顯得軟弱，他就會對兒子感到憤怒。諾亞溫和柔弱的性格，讓他想起自己小時候因為敏感而被嘲笑和羞辱的痛苦經歷。即便知道這樣做是不對的，艾力克斯仍然逼迫諾亞加入橄欖球隊，從事傳統的、有男子氣概的活動，但是諾亞對運動完全沒有興趣。諾亞在努力與其他

橄欖球員競爭時受到了創傷,最終放棄了訓練。在母親的督促下,這個家庭開始接受諮商治療。艾力克斯開始參加家庭諮商會議後,他意識到自己因為內化的自我厭惡而強迫兒子否認自己的溫柔。經過一段時間,艾力克斯終於接受了兒子和自己都是高敏感男性的事實。

改變習慣

如何改變習慣以及為什麼要改變習慣,也許是你將在這本書中學到最重要的事情之一。你可以閱讀各種療癒法,但如果不將這些新方法融入日常生活中,你很快就會忘了這些療癒技巧。閱讀指導書卻不應用新觀念,就如紙上談兵,車到了站卻不下車。在這個段落中,你將學習如何應用書中介紹的多種療癒方法。

改變習慣的第一步是深入了解你的信念系統,以及它如何影響你的行為。你還是孩子的時候,父母、老師、同伴和媒體可能告訴你,只有過著充滿外在刺激的滿足生活,例如賺很多錢、找到完美伴侶以及在工作上取得成功才能感到幸福。僅從外界刺激中尋找幸福和自我價值感,對那些善於反思和敏感的人來說,會導致焦慮和緊張。

開始理解到自己真正渴望的是內心的平靜,而這個不斷變化的世界中沒有任何東西能夠真正給你持久的滿足時,深入檢視生活目標就極為重要。生命是短暫的,一切終將離你而去。當你離開這個世界,你不能帶走金錢、伴侶或職位,因此,從現在開始,我們要向內探索,進行必要的改變,以創造內心的平靜和幸福。

小時候可能有人告訴過你,因為你太敏感,所以本質上是有問題

的。你可能內化了這個錯誤的信念,並由此創造了上癮的、自我實現的預言,潛意識地認同了情感上的痛苦。換句話說,每當面臨敏感的挑戰,你可能潛意識地認為自己應該受苦,因為你覺得自己有缺陷。大多數自我挫敗的行為都是源於不愛自己(Hay,1987年)。我經常遇到一些敏感的學生,他們告訴我,即使在生活中經歷了巨大的痛苦,他們也難以擺脫一個無法忍受的情況。有位高敏感女士樓上的鄰居吵得她快要發瘋,但她總是找藉口不搬家。我還認識另一位高敏感人,他為虐待狂老闆工作,但始終拒絕尋找另一分工作。大多數留在情感破壞性環境中的人都認為自己應該受苦。他們的低自尊源自不正確的觀念,即他們本身是有問題的,這使他們認為痛苦是理所當然的。

開始了解信念系統的基礎後,你將意識到這些內化信念是如何影響你的思維模式。換句話說,播下一個想法,就會收穫一個行動;重複一個行動,就會養成一個習慣;保持一個習慣,就會塑造一種性格。

改變習慣時,你須要對自己溫柔,並慢慢做出改變。例如,如果想要透過快速節食來立即停止暴飲暴食的習慣,最後可能會因為太餓而吃掉整隻火雞,以及所有配菜。你可以試著逐步進行改變,舉例來說,如果想要獲得更多睡眠,與其直接提早一小時上床睡覺,可以每晚提前五分鐘上床,這麼一來,幾週內就能達成目標。

只要內化新的正面價值觀來改變意識,自然而然會做出改變,為生活帶來更多內在的平靜和快樂。我從小到大都很喜歡看電視,是個電視迷,直到1992年才做出了改變。即使我嘗試透過運動、健康飲食、規律冥想以及採納新的價值觀來創造更健康的生活方式,我每天

仍然會花數小時觀看對情緒健康有害的節目。遙控器在我手中就像毒品一樣，我的拇指會不由自主地不停換台。某天晚上，我正在看一部根據真實故事改編的電影，講的是一個在辦公樓裡殺人的連環殺手。突然，我問自己，如果這個邪惡的人敲我的門，我會邀請他進我的客廳嗎？絕對不會！那麼，為什麼我要透過電視讓他進入我的家？電影結束後，我拆掉了天線，再也不在家看商業電視了。回想起來，最終使我擺脫有害電視成癮的是意識的轉變——意識到身為高敏感人，觀看電視對我多麼有破壞性，而且這不會帶來我想要的內心平靜。

如果只看幾部影片，或將每週看電視的時間花在觀看幾個能提升靈性的節目上，你的過度刺激時間將大大少於典型的美國人（每天約看四小時電視）。減少看電視時間的另一個好處是可以避免無數令人過度興奮的廣告轟炸。廣告商會在最短時間內推銷他們的產品，結果是一連串的刺激，這會對高敏感者精微的神經系統造成巨大破壞。看電視時，記得將廣告靜音。

獲得他人支持比獨自一人嘗試改變要容易得多。例如，我請求家人幫助我在家中保持無商業電視的環境。除了徵求親戚、朋友和同事的支持，你還可以參加互助小組，如十二步項目*或個人諮商。隨著你在生活中建立了新的積極習慣，你將成為高敏感族和非高敏感族的榮譽榜樣，激勵他人追求內心的平靜。

---

* 註：十二步項目，通過一套規定指導原則的行為課程來治療各類成癮等不良行為習慣。

你須要運用意志力來改變習慣。列出讓你感到痛苦的部分,並在閱讀本書時,運用意志力寫下將用來解決這些部分的新方法。當在改變習慣方面取得小小的勝利,你的意志力將會增強。你還可以透過視覺化和使用肯定句來增加內在力量。今天就下定決心,不再留在任何無法讓你感到幸福的環境中。

然而,環境的影響可能比你改變的意志力更強,所以你也須要遠離強化負面習慣和降低自尊的情境。你的居家和工作環境是決定你能否創造平靜生活的重要因素,因此,創造和諧的工作和家庭氛圍是必須的。如果你知道某種環境會引起焦慮,試著改變那種不健康、過度刺激的情況,不然就遠離導致緊張的來源。

我觀察到人們通常可以在六個月內用一個好習慣取代壞習慣。一位高敏感人士菲莉西亞告訴我,經過幾個月的冥想,這個練習已成為她生活的一部分,就像她醒來時刷牙一樣。菲莉西亞說,如果早晨不能冥想,她就無法感到平靜,她必須進行至少十分鐘的深度放鬆。她發現,當她感到平靜,每天的小煩惱就變得不那麼重要了。當專注於建立心靈的平靜,你就不須要對他人發火。

最後,你須要創造新的、令人滿意且有益的活動來取代舊習慣。例如,終於關掉電視後,我開始真正享受閱讀激勵人心的書籍、寫故事和聽振奮人心的音樂。有時,當我想到自己曾經浪費數千小時盯著無聊的刺激節目,導致緊張和焦慮增加,我就不禁感到難過。然而,我也意識到,在人生特定的時期,我已經盡己所能了。這對你來說也是個新的開始,隨著發展出對自我全新的認識和理解,你將不必再重

複那些不再有效的舊習慣（Hay，1987年）。

如何改變習慣

- 深入了解你的信仰系統，並察覺習慣何時會導致疼痛。
- 對自己溫柔，用漸進方式改變習慣。
- 試著時刻察覺你的新目標：在生活中創造內在平靜。向家人、好友、同事和鄰居尋求協助。你也可能會想與諮詢師談談或加入互助社團。
- 遠離會強化你負面習慣的環境。
- 了解到只要每日練習，六個月後就能用好習慣取代壞習慣。
- 建立新的、令人滿意且能滋養你的活動來取代舊習慣。
- 運用意志力建立有架構的計畫來做出正向的生活方式改變。

如何使用這本書

　　這本書的目的是幫助高敏感族學習在今日充滿刺激的世界中保持平靜與平和的因應策略。高敏感的你將能獲得許多建議，了解如何過上和諧的生活，並達到最佳狀態。但是，請不要給自己過多壓力，覺得必須採納這數百種建議。即使你選擇只採納一個或兩個建議，這都會幫助你成為更快樂的人。

閱讀本書的過程中，記下你想在生活中實踐哪些方法，這會很有幫助。你可以寫日記，才不會忘記重要的建議。在每個章節的最後，寫下你想要嘗試的技巧清單，將其放在你的日曆中。這週就開始享受練習新的因應策略所帶來的好處吧！

高敏感族幸福人生的關鍵在於事先規劃。做出必要準備來減少刺激非常重要，像是在要進入嘈雜的環境時，攜帶耳塞或是頭戴式耳機。你須要維持警覺，才不會深陷於社會上令人窒息的刺激中。最後，聽起來可能有點奇怪，但你可能會在失去平衡時渴望負面刺激。閱讀本書時，仔細審視內心，檢視行為是在生活中創造和諧還是壓力。

歡迎來到探索心理及情緒的內在之旅，學習全新且令人興奮的方法將為你的生活帶來更多內在平和及喜悅。

2

為日常生活中的過度刺激做好準備

最近我坐在車裡等紅綠燈時,注意到旁邊車裡坐著一位看起來緊張兮兮的年輕女子。她的收音機大聲播放著饒舌音樂,她一邊尖叫著對手機講話,一邊抽著煙。隨後,她把煙蒂丟出窗外,灌了一大口咖啡。燈號轉變時,她迅速放下咖啡杯,猛踩油門,依舊對著手機大喊大叫。前車顯然開得太慢,讓她感到焦躁,因此,她開始瘋狂按喇叭。

身為高敏感人,光是看到這個畫面就已經夠令我焦慮,我可以感覺到全身肌肉都緊繃了起來,雙手也抓緊了方向盤。如同在第一章所提到的,處在步調快速且充滿刺激的世界對高敏族特別有挑戰性。從這個故事中可以發現高敏族難以處在刺激的環境中。在本章節,你將學到許多在過度刺激情境中保持冷靜的技巧。

我在教授減壓課程時,詢問學生們覺得最常見的減壓技巧是什

麼?他們給出的一些回覆如下:飲酒、吃藥、購物、看電視、工作、上網和睡覺。但是很少人能想出正確答案:否認。對非敏感族來說,否認壓力和過度刺激的負面影響很危險,而對高敏感族來說,則是致災性的。

我記得有一次在商店排隊等待領取名片。櫃檯只有一個店員,電話不停地響起,顧客隊伍越來越長。一位顧客憤怒地表示他的名片應該今天就要準備好。疲憊不堪的店員漲紅了臉,聲音開始因為挫折和憤怒而顫抖。我走到櫃檯,告訴他在這麼高壓的環境中獨自工作一定很困難,試圖讓他平靜下來。他卻用煩躁的語氣簡短地回答,壓力並不困擾他。然而,在我們這個快節奏、浮躁的社會中,這種分秒必爭的行為很可能會導致身心健康問題。

我們的 A 型社會

美國心臟病學家弗里德曼(Meyer Friedman)和羅森曼(Roy H. Rosenman)在其知名著作《A型行為與你的心臟》(暫譯。*Type A Behavior and Your Heart*)中寫道,我們社會的價值觀鼓勵 A 型行為(1974 年)。弗里德曼和羅森曼表示:「A 型行為有三個要素:迫切感、過度競爭和敵意。」相反地,B 型人格則有以下特徵:較少的迫切感、非競爭性及缺乏侵略性。

A 型行為在美國及今日工業化國家無所不在。在過去三十年來,許多研究發現,大多數的參與者都被診斷為 A 型,只有一小部分展現

出 B 型特質（澤夫，1981 年）。著名的 A 型干預研究者埃塞爾・羅斯基斯（Ethel Roskies）表示，有抱負、目標導向和有時間迫切性的這些 A 型特質，都是美國社會所鼓勵的。

雖然高敏感族可能是 A 型或 B 型，但都深受 A 型文化的影響。在時間壓力、競爭和侵略行為下，高敏感族很容易感到超載，而且通常會表現得比較差。由於高敏感族容易受到他人心情的影響，就可能有內化大多數 A 型文化的傾向。

就連非高敏感族都可能因為時間壓力受到負面影響，而這種壓力在今日的工作場合是相當常見的。根據羅森曼博士的說法，如果 A 型人成功完成一項任務，也不見得是因為 A 型行為之故。有趣的是，D.C. Glass 在《應用社會心理學期刊》（1974 年）中指出，在執行工作相關任務時，A 型受試者的表現並不如 B 型受試者。

抽離的重要性

身為高敏感族，你須要運用特定行為修正練習來從 A 型環境中抽離出來。冥想和深呼吸等技巧能幫助你從所處的快速步調世界中暫停下來。可惜的是，即使快速的步調造成了緊張和焦慮，許多人仍不想改變他們的生活方式。不過，其中一些 A 型群體因為經歷了心臟病發，開始願意嘗試改變。醫生告訴這些病人，如果不立即改變生活方式，他們就會死，於是這些經歷過心臟病發的患者便參與了 A 型修正計畫。是啊，在攸關存亡的時刻就有了改變的動力！同樣地，高敏感族應該將修正 A 型信念視為人生大事。如果不實施生活方式的改變，

就有可能損害自己的身體和情緒健康。

回應挑戰

高敏感族須要認知到，即使無法控制 A 型環境，但是你有控制自己回應的能力。在本章節中，你將學到各種技巧，像是冥想和堅持例行活動，這將有助解決看似無解的情況。在一天中，你隨時可以冥想休息，並做一些緩慢的腹式呼吸。研究顯示，相較於沒有冥想習慣者，有冥想習慣者感受到的壓力比較少。在我對 A 型性格的研究中，我觀察到相較於非冥想者控制組，冥想者普遍的心率、收縮壓及焦慮值都顯著較低（澤夫，1981 年）。

除了規律的冥想，練習特定技巧也能改善時間迫切性等 A 型行為。除了本書提供的技巧，你也可以嘗試個人或團體諮詢、參加 A 型減低課程（醫院通常會提供給曾經歷過心臟病發的患者），或是參加減壓課程。高敏感族的一項優點是盡心盡責，你們有能力堅持將新技巧融入到生活中來減少刺激。透過規律的減壓練習，就能過上更健康、更快樂的生活。

🖋 態度決定一切

開始學習更有效應對 A 型世界的技巧之前，讓我們先來看看態度會如何影響整體幸福感。高敏感族對盡善盡美、不願犯錯的渴望，可能會導致壓力。當我與雷・羅森曼博士（Dr. Ray Rosenman）一起研究

如何區分各種人格類型，我記得聽過一段 A 型人格男子的錄音。他在郵局有一分相對簡單的工作。當被問及他的工作壓力是否很大，他緊張兮兮地回答：「絕對是的。」他必須根據郵遞區號將信件放入不同信箱。如果他認為自己將信件放錯了信箱，他就會變得很煩躁。在整段談論他工作職責的錄音中，他變得越來越激動。

接著，我聽了一段某跨國公司 CEO 的錄音。他平靜地表示他的工作並不緊張，因為他每天早上會簡單寫下日程安排，完成有時間做的事情，並將其他工作委派給下屬。如果沒有完成某個專案，他也不會為此擔心。雖然某些工作可能會產生緊張感，但面對工作的態度是決定壓力多寡的主要因素。

這些例子說明了培養積極態度的重要性，要接受現實而不是擔心自己是否做得稱職。一位高敏感學生告訴我，如果她覺得自己在工作中犯了錯就會變得非常沮喪，並煩惱數小時。與她合作了幾個月後，她開始慢慢改變態度，意識到她只能盡力而為，並試著放下對完美達成每一項任務的要求。在接下來的章節中，你將學習到幫助你達到這種平和狀態的技巧。

我希望閱讀關於這個過度刺激的世界的內容不會讓你感到太過疲累！現在請深深地、緩緩地呼吸，意識到你正在學習新的因應技能，以更輕鬆地應對 A 型社會。

建立早晨習慣

雖然無法完全遠離世界帶來的衝擊,但你可以創造刺激較少的環境。如果能將自己穩定在一艘寧靜的船上,你就不會被刺激的波浪所擾動。

高敏感族減少刺激的重要步驟是建立早晨的例行活動,這將定下一整天的基調,而晚間例行活動則會影響睡眠品質。如果你習慣晚起,匆忙喝一杯咖啡當早餐,然後趕去上班,那麼你一整天都會處在緊張中。然而,僅是提早二十分鐘起床,並進行一些平靜心靈的活動,就可以在平和寧靜的狀態下開啟一天,準備好應對一天中的各種刺激。

✎ 運動身體

早上醒來時,做些輕柔的伸展、瑜伽或簡單的健身操非常好。起床後進行一些體能活動有提神的效果。你可以考慮從瑜伽開始早晨例行活動。瑜伽可以將你帶入自然的寧靜狀態、改善內分泌代謝、減少壓力和壓力相關的疾病(Lad,1984 年)。剛開始時可以參加哈達瑜伽課程來學習正確的技巧。哈達瑜伽不僅可以鍛鍊體能,還能在冥想準備中平靜身心。學習瑜伽時,對自己要非常溫柔,不要勉強做到某個姿勢,只要做感到舒適的姿勢即可。

✎ 平靜心靈

當身體充滿能量,嘗試進行至少十五分鐘的冥想練習。你可以進

行緩慢的腹式呼吸。以下是個非常簡單的五分鐘練習，可以在早晨或一天中的任何時候進行。

深呼吸練習

以一個舒適的姿勢坐著，閉上眼睛。慢慢以鼻子吸氣，想像讓空氣進入腹部，從一數到五……保持數到五……然後慢慢呼氣，從一數到五……感覺每次呼氣時身體都變得越來越放鬆……

再次進行緩慢而深沉的呼吸練習……真實感受每次呼氣時身體的平靜與安寧……當思緒浮現，只須觀察它們……然後冷靜地回到呼吸……吸入平靜與安寧……保持……呼出所有壓力……

進行呼吸練習時可以在心裡重複一個咒語或詞語，比如「平靜」或「安寧」，每次吸氣和呼氣時都要重複這些詞語。你可能會覺得吸氣時間少於五秒更為舒適。調整你的呼吸時間，感覺舒適即可。

當感到平靜，你可以開始漸進式放鬆，想像身體的所有肌肉越來越放鬆。你可以從放鬆頭皮、臉部肌肉和下顎開始，持續放鬆身體的所有部位直到雙腳。每次呼氣時，想像肌肉變得越來越柔軟。如果難以集中注意力，聆聽放鬆的音或會是開啟一天的絕佳方法。你可以聽我的放鬆 CD（www.hspsurvival.com）、你個人喜歡的 CD，也可以使用這些技巧錄製音檔。

高敏感族很容易受到他人情緒的影響，所以練習穩定自己的技巧非常重要。以下是個非常好的視覺化練習，你可以在早晨或一天中的任何時候，尤其是在受到周圍人負面影響時，使自己保持穩定。

靜心冥想

當你完成幾分鐘緩慢深沉的呼吸後，想像一條柔軟有彈性的綠色繩子連接在你的脊椎底部……仔細觀察這條繩子……繩子正在慢慢地從你的脊椎向地板移動……想像另外兩條綠色繩子連接在你的腳底……現在想像著可以看見這三條綠色繩子在地面上相遇，形成一條粗大而堅固的綠色繩子……觀察這條粗大的綠色繩子在重力的作用下被拉向地心……這條繩子正穿過層層的堅固岩石……越來越深……你能清楚看到繩子正慢慢朝向地球的中心移動……

最終，這條綠色繩子到達了地球的中心……繩子固定在地心，你開始慢慢吸入來自地心平靜、集中且穩定的能量……想像你能看見這股能量隨著每一次吸氣，朝著地面的方向緩緩上升……

能量輕易地上升到地面……觀察這股接地能量到達地表……強大的能量穿過地板，上升到你的腳底……你感覺到能量在你的腿部上升……你感覺自己像石頭一樣堅固和專注……

現在感覺地球的能量進入你的脊椎底部……這平靜、

穩定的能量感覺如此舒緩……感覺地球的能量慢慢地沿著你的脊椎上升，經過你的下背部……中背部……上背部……頸部……一直到頭頂……

隨著這股核心能量在你的全身循環，你感受到專注、平靜以及強大……這能量充滿了你身體的每一個細胞……花幾分鐘吸入地球的能量……你感受到了平靜、專注和快樂……你感到平靜、專注和快樂……你感到平靜、專注和快樂……

在處理困難情況前使用這個靜心冥想是最好的做法。你可以錄製下這個冥想，直到你能夠憑記憶去執行。另一種保護自己免受負能量的方法是想像有一束白光環繞著你。在進入有大量人群的房間之前，這是個有效的技巧。

白光冥想法

當你完成幾分鐘緩慢深沉的呼吸後，想像你看見一束清澈的白光環繞著你的身體……注意閃閃發光的白光如何覆蓋你的每一寸肌膚……清楚地觀察這個屏障有多麼強大……想像負能量碰到這個無法穿透的盔甲後被彈回原處……你是安全的，是被保護著的……你是安全的，是被保護著的……你是安全的，是被保護著的……

許多學生表示，在進入刺激的情境前練習白光冥想，讓他們能夠

保持冷靜。試著記得進行這個簡短的冥想，這將給你帶來內心的平靜。

焦躁不安的心

　　進行冥想練習的期間，一時迷失在思緒中也不用擔心。大腦中不斷出現看似隨機的想法是很自然的。為了應對這些干擾，你可以使用佛教的方法，簡單地觀察自己的念頭。當干擾性的念頭閃入腦海，承認這個念頭並讓它過去。試著避免與這個念頭互動，只要觀察到大腦在思考就好，然後讓這個念頭離開，回到你的呼吸上。

　　你可以觀察出現的每個念頭。每個念頭都像一輛標示著特定目的地的巴士。當你意識到一個念頭，問自己是否想去那個目的地。你想去「憤怒之城」，反芻最近一次令人傷心的經歷嗎？你想乘坐前往「焦慮之城」的巴士，擔心無法支付的帳單嗎？還是你想乘坐前往「快樂小鎮」的巴士，回到觀察自己的呼吸並放鬆肌肉？你隨時能選擇是否繼續乘坐在腦海中穿梭的壓力巴士，也隨時可以選擇從負面的心靈旅程下車。

　　別因為在冥想時有大部分時間都迷失在思緒中而感到有壓力。我每天冥想已經超過二十年，但仍然經常發現自己會陷入無數的思緒中。我每天冥想時都會思考一些人生的重大真理，比如：「早餐是吃熱麥片還是雞蛋更好？⋯⋯如果吃雞蛋，就能攝入更多蛋白質，但雞蛋有膽固醇⋯⋯而且清洗鍋子很花時間⋯⋯哦，我昨天應該在便宜的加油站加油，一加侖可以省下十美分⋯⋯乘以十加侖就是一美元⋯⋯一年下來我可以省下五十二美元⋯⋯哇，三十分鐘已經過去了⋯⋯哦

對了，我得重複一個咒語：平靜、平靜、平靜。」

好消息是，即使你在冥想時有大部分時間都像猴子一樣從一根樹枝跳到另一根樹枝，你仍然可以從中獲得好處。許多科學研究已經證實了冥想的正面生理效益（Wallace，1970年）。有一位學生告訴我，他覺得自己在一次冥想中沒有集中注意力，但當他接起電話，打電話的人卻問他是否在冥想，因為他的聲音聽起來如此平靜。定期進行放鬆技巧，深層的內心平靜體驗就會在生活中顯現出來。除了創造平和的心境，冥想還能幫助你保持身體健康（澤夫，1981年）。

雖然冥想或漸進式放鬆是早晨讓自己集中注意力的理想方法，但做為能滋養你心靈的放鬆練習也同樣重要。你可能會發現祈禱、寫作或自我反省對神經系統有舒緩作用。一些高敏感者更喜歡在早晨閱讀振奮人心的書籍。

早晨放鬆之後，慢慢地吃一頓營養豐富的早餐，並留出充足的時間來通勤。週末和工作日一樣，在相同的時間起床，這樣你就會在星期天的晚上感到困倦，並保持睡眠生理的節律。

建立睡前習慣

雖然遵循早晨的例行活動對於高敏感族非常重要，但晚間例行活動也是另一個能幫助你變得更平靜的關鍵。睡眠品質會受到晚間例行活動的影響，所以晚上進行平靜的活動非常重要。晚間活動應該以平靜的事務為主，如閱讀勵志書籍、寫作、泡澡或進行輕鬆的討論。大

約在睡前三十分鐘,透過內省放下這一天的事情。這也是冥想或聽放鬆音樂的好時機。利用漸進式放鬆能釋放白天累積的壓力。為了經歷深度睡眠的第三和第四階段(免疫系統在此階段啟動),請嘗試在一天中(尤其是晚上)練習冥想和放鬆練習,否則白天分泌的壓力荷爾蒙可能會在睡眠時繼續分泌(Jacobs,1998年)。

如果在晚上觀看刺激的電視節目、閱讀謀殺懸疑小說或參與激烈的討論,將難以獲得良好的睡眠。如果有非常想看、令人興奮的電視節目,可以把它錄下來,改天提早一點觀看。最好將重要或沉重的討論留到早上進行。

維多是一位有著青少年兒子的高敏感父親,他告訴我,他體會到晚上必須保持安靜,否則他會因過度刺激而無法入睡。維多提到,他的兒子克里斯最近在平日晚上借用了他的車,兒子的宵禁時間是晚上10點,但克里斯直到凌晨之後才回家。當這位青少年終於回來,維多氣得火冒三丈。他要求兒子返還車鑰匙,並告訴他要討論未來使用車子的問題。克里斯明智地回應說,他們應該在早上討論這個問題,那時他們都會更冷靜。然而,維多堅持要進行激烈的討論,這個決定使他的血壓升高、心率加速、肌肉緊張,導致他整夜無法入睡。

矛盾的是,當高敏感族處於不平衡狀態,他們有時會渴望參與那些讓自己更偏離軌道的活動。有時當內化了 A 型人格的生活方式,你可能會享受看過度刺激的電視節目或在深夜進行激烈的討論,而不管這些活動對睡眠時間表會造成影響。然而,當開始冥想並過上更內省的生活,你會本能地渴望更平和的活動。

高敏感族深受媒體暴力內容的影響。觀看暴力、刺激的節目可能會抑制免疫系統。當認同螢幕上看到或讀到的憤怒，你會釋放出稱為兒茶酚胺和皮質醇的壓力化學物質，這些物質會對免疫系統產生不良影響。哈佛科學家大衛・麥克利蘭（David Mcclelland）的研究顯示了暴露在憤怒和愛這兩種不同情緒對免疫系統的影響，而後由加州的心數研究所驗證（Bhat，1995年）。觀看一部激起憤怒的電影會抑制研究對象的免疫系統（透過測量唾液中的化學物質得知）五到六個小時。然而，觀看關於德蕾莎修女慈悲工作的電影會使參與者的免疫數值升高。

由於感官一整天都暴露在刺激中，晚上嘗試在安靜、燈光昏暗的環境中度過一些時間非常重要。想在晚上遠離世界的喧囂時，可以在安靜的空間裡戴上耳塞或耳機冥想或閱讀。無論這一天多麼壓力重重，在晚上創造無刺激的環境，就能夠進入平靜的狀態。

在第五章中，你將學到更多實用的技巧，幫助你改善夜晚例行活動的品質以及提高每天的平靜程度。

建立例行活動

- 晨間活動將為一天定調，而夜間活動則會影響睡眠品質。
- 比平常提早 15 到 20 分鐘起床，開始晨間活動。
- 以溫和的伸展、瑜伽姿勢或輕度健身操來開啟一天。

- 在早晨至少花 15 分鐘透過冥想、漸進式放鬆或聆聽冥想音樂來靜心。
- 細嚼慢嚥營養的早餐。
- 預留多一點通勤時間。
- 進行較為靜態的夜間活動,如閱讀勵志書籍、寫作、冥想、泡澡或是進行輕鬆的對話。
- 盡量不要在夜間觀看過度刺激或暴力的電視節目。
- 在睡前 30 分鐘,放下一天的事務,透過冥想、聆聽放鬆音樂或任何能夠幫助你獲得充分休息的方式,向內尋找答案。

3

平靜感官及應對時間壓力

上一章中,我們談到了面對過度刺激 A 型社會的因應策略。本章中,我們將探討平靜感官及處理時間壓力的具體技巧。為了在這個過度刺激的世界中生存,我們必須時常使用這些技巧來平靜五種感官:聽覺、觸覺、視覺、味覺和嗅覺。我們雖不能在沒有刺激的情況下生活,但可以使用特定工具來減輕各種感官的過度刺激。

平靜感官

整個世代在成長過程中已經習慣了各種感官刺激。在刺激日益擴張的數位時代,我觀察到有些遊樂園充滿了各種感官超載的活動。全新的 4D 電影院提供瘋狂的視覺體驗,座椅可以前後搖晃,甚至噴射

出奇怪的氣味。過度刺激有可能導致更多孩童被診斷出過動症。不幸的是，治療過動孩童的萬靈丹竟然是開立強效的藥物，這很可能進而導致數不清的副作用。如果這些孩童住在自然的環境中，少了數位裝置的干擾，許多「過動」的孩童可能根本不須要吃藥（DeGrandpre，1999年）。

聽覺

對於高敏感族群來說，應對聽覺上的刺激可能是最具挑戰性的。如果不小心看見引起負面刺激的東西，可以選擇閉上眼睛。然而，想要隔絕有害的噪音卻困難得多。無所不在的手機鈴聲、大聲播放的喧鬧音樂，以及憤怒駕駛的喇叭聲，敏感族群彷彿被困在刺耳的噪音中。長期暴露在這些刺耳聲音之下，可能會使高敏感族出現嚴重的焦慮。

為了減緩現代都市生活中的刺耳聲音，可以在家裡和工作場所播放柔和的背景音樂。聆聽讓你感到平靜的音樂，例如古典樂或是爵士樂。如果不喜歡背景音樂，可以考慮購買一台白噪音機，它可以發出穩定、舒緩的聲音來掩蓋令人不悅的噪音。柔和的風扇、空調或空氣清淨機的嗡嗡聲也有助於掩蓋嘈雜、不規律的噪音。空氣清淨機在清潔室內空氣汙染的同時，還能舒緩神經。

住在汽車旅館或飯店時，可以開啟空調或風扇來減少令人厭煩的都市噪音。如果不想依賴風扇或空調，也可以隨身攜帶一台小型白噪音機。請參閱第五章以獲取更多透過降噪從而提升睡眠品質的資訊。

你也可以定期聆聽放鬆或引導視覺化的音樂或 CD，這對舒緩神經

非常有效。許多書店都有販售放鬆音樂和 CD，你也可以前往選購。鼓起勇氣進入嘈雜的世界時，隨身攜帶一副耳機會很有幫助。你可以攜帶一系列舒緩的錄音，包括引導放鬆的音檔、古典樂或其他提振精神的音檔。確保隨身攜帶有額外的電池，這樣你就不會受困在噪音的汪洋中，卻沒有任何解決方法。

佩戴耳塞是另一種降低噪音的有效方法。有些高敏感族可能會覺得佩戴耳塞不舒服，但如果能接受耳塞，這是隔絕刺耳噪音非常有效的方法。有些人喜歡蠟丸耳塞，有些人則覺得泡棉耳塞更舒適。在極端嘈雜的情況下，你可以戴上建築工人使用的耳罩式耳機。耳罩可以覆蓋住整個耳朵，某些高敏族覺得這比置入式耳塞更不具侵入性。市面上還有使用聲波來消除環境噪音的降噪耳機。這些耳機可以減少飛機或冰箱等高頻噪音，但在減少談話噪音方面，耳塞或耳罩式耳機似乎更有效。

聽力專家可以為你量身訂做一副耳塞。客製耳塞的優點是能輕鬆進入耳道。當你真的想逃離這個充滿刺激的世界，可以閉上眼睛冥想、佩戴耳塞、普通耳機或耳罩式耳機。在極端嘈雜的情況下，甚至可以在聽音樂時戴上耳塞，或在耳塞外戴上耳罩式耳機。

你是否參觀過錄音室？錄音室的門關上時，就聽不到任何外界的噪音。聲學工程師可以幫你的房子或辦公室進行隔音處理，為高敏感族打造和平寧靜的天堂。或許你也可以購買雙層玻璃窗或厚重的窗簾來隔絕外界噪音。高敏感族須要特別尋找安靜的生活和工作環境。如果住在喧鬧的城市，住家或辦公室最好面向安靜的後院，而不是嘈雜

的街道。旅行時，隨時記得向飯店或汽車旅館的服務員要求背對街道安靜的頂樓房間。

千萬不要因為使用本節描述的技巧，例如在公共場所佩戴耳塞或要求安靜的飯店房間而感到尷尬。你的首要任務是好好照顧自己，創造內心的平靜。

我會擔心噪音嗎？只要準備充分就不會！

視覺

人們閉著眼睛冥想是為了隔絕外界的刺激，深入潛伏在內心的平靜。持續透過眼睛接收過多刺激，無異於直接使神經系統超載，可能會產生焦慮和緊張。與其無止境地盯著電視或電腦螢幕而過度刺激神經系統，不如試試閉眼冥想休息。無論是在家中或工作時，甚至是在停妥的車內，花幾分鐘閉上眼睛，觀察自己的呼吸。這個短暫的休息能讓你感到更平靜、更能應對外界的刺激。

對高敏感族來說，透過窗戶欣賞美麗的大自然風景是深度放鬆的方式。在一天中定時休息，專注於後院壯麗的樹木、前院深綠的草坪，或是仰頭就能看見的清澈藍天。隨著你調整心情融入大自然的神聖能量，焦慮值就會下降，快樂感則會提升。如果生活或工作環境充滿人工和城市的刺激，你可以購買大型的自然景觀圖片或海報。凝視山脈或海洋景色的大型圖片一段時間後，你將會感覺好很多。你也可以購買森林場景的壁紙，創造生活在大自然中的感覺。用植物和花卉裝飾家裡和辦公室，創造滋潤且正面的環境。

不論是散步或靜坐，試著每天花點時間親近大自然。專注於當下，欣賞美麗的繁花盛開，或看著滿天像棉花糖般的雲朵倒映在粼粼波光的池塘中。

　　不知道你是否注意到，有些顏色比其他顏色更具舒緩效果。讓自己周圍的環境充滿白色、藍色、綠色等柔和的顏色非常重要（Lad，1984 年）。選擇居家和辦公室的顏色時，應該選用對神經系統具有舒緩作用的顏色。橘色、黃色和紅色等亮色調有可能過度刺激，導致高敏感族情緒煩躁。紅色與憤怒有關，「怒火中燒」（seeing red）一詞就恰好闡釋了這一點。

　　某一天，一位個案來到我的辦公室，我注意到她開著一輛鮮紅的跑車，身穿一襲火紅的套裝，塗著豔紅的唇膏，頂著一頭亮橘色的頭髮。我得戴上太陽眼鏡才能直視她！這位個案告訴我，她不明白為什麼自己總是感到生氣，全身感覺熱辣辣的，像是有把火在燒。其實她只須低頭看看自己衣領的顏色，就會明白為什麼自己總是感到憤怒。當你失去平衡，你可能容易受到讓你更加失衡的東西吸引，所以記得讓身邊充滿舒緩的顏色以創造生活中的和諧。

　　許多高敏感族對光線非常敏感。我注意到白天上課時，經常有學生請我拉上百葉窗，因為明亮的陽光會讓他們分心。高敏感族不一定要坐在昏暗的房間裡，但調整燈光以避免過度刺激非常重要。為了減少刺激，你可以嘗試使用全光譜燈，並避免使用螢光燈。隨身攜帶太陽眼鏡也是個好主意，因為突然從柔和的室內光線走到明亮的陽光下，可能會讓你感到不適。

在深夜，高敏感族最好不要暴露於明亮的燈光下，這不僅會干擾入睡，還可能對神經系統造成過多的刺激。但是，在早上起床時接觸光線，有助於腦內神經傳導物質意識到新的一天已經開始。有時，即使是臥室門下滲入的一點光線也會打擾到高敏感族的睡眠。你可以安裝門縫條，並封住其他縫隙，也可以考慮購買厚重的窗簾，以遮擋街燈或滿月的亮光。此外，還可以購買眼罩來過濾不需要的光線。眼罩不僅能幫助你在一天中的各個時刻放鬆，還能幫助你獲得優質睡眠。

觸覺

接受溫和的按摩是高敏感族（或非高敏感族）緩解緊張的絕佳方式。然而，有些敏感人士可能會覺得按摩過於有侵入性。因此，持續向按摩師反映力道、感覺是否舒適非常重要。由於高敏感族獨有的開放性，你可能很容易吸收按摩師的能量，所以在同意按摩前，務必先與按摩師進行面對面諮詢。有些高敏感族不喜歡被陌生人觸碰，對他們而言，請伴侶或親友提供按摩可能更適合。

SPA 會館或身體工作室或許不是享受按摩的唯一管道。有些專門銷售健康產品的商店現在僱用了按摩師。你可以偶爾抽出十分鐘來享受背部和肩部按摩。如果無法負擔定期按摩，或許可以考慮和伴侶一同參加按摩課程，學習為彼此按摩。在傍晚時分自行按摩，釋放一天的壓力，也是絕佳的選擇。

溫暖的有機芝麻油是唯一能滲透到所有七層皮膚組織並深層舒緩神經系統的油。芝麻油在阿育吠陀（源自印度的古老醫學系統）中被

廣泛使用。根據阿育吠陀的理論，有些油類具有冷卻或加熱效果。芝麻油是最具加熱效果的油，當你感到過熱或在炎熱的夏天，請不要使用它。天氣炎熱的時候，試試使用具有冷卻效果的椰子油來按摩。不要購買用於中式烹飪的烘焙芝麻油，否則你會聞起來像個炒鍋（這可能真的會挑動你敏感的神經）。一般健康食品店、香氛精油應都可以找到有機芝麻油。

稍微加熱約 100 毫克的油，然後將油在手心推開，從頭到腳輕柔緩慢地按摩全身。讓油在身體上停留約十分鐘後再淋浴。不要將油塗在腳底，否則可能會滑倒。如果不想進行全身按摩，亦可輕柔地將溫熱的芝麻油塗在額頭和耳朵上。你也可以購買加入藥草調理的芝麻油，這種油具有深層放鬆的效果（有關藥用油，請查看 www.oilbath.com）。在夜晚，將藥用芝麻油塗在額頭和耳朵上可以感受壓力逐漸消散。

溫水對身體有十足療癒和滋養的效果。泡個溫暖的澡，在水中加入幾滴薰衣草精油是極其放鬆的享受。添加任何具有鎮靜作用的精油，都能為神經系統帶來深層的舒緩效果。坐在放滿熱水的浴缸裡，任溫水柱沖刷緊繃的肌肉，只需十分鐘，就能快速讓身體平靜下來。你也可以購買按摩花灑頭，站在舒緩的水流下，讓自己放鬆一段時間。

你須要確保家中和工作場所椅子的舒適性。許多商店都有販售適合放在椅子上的按摩椅墊，你也可以購買手持式電動按摩棒。許多人因為睡覺的床墊太軟或太硬而導致腰痠背痛。選擇適合的床墊，可以讓肌肉在睡覺時充分放鬆。

觸摸本身就非常有療癒的效果。研究指出，相較於缺乏觸摸的嬰

兒，受到較多撫摸及按摩的嬰兒會呈現出更活潑健康的特質（Field，2000年）。確保你每天都能獲得足夠的擁抱。已故的靈性老師李奧・巴斯卡格里亞（Leo Buscaglia）曾經告訴他的聽眾，每人每天至少需要五次擁抱。你今天達到滋養心靈的擁抱配額了嗎？

來自印度的精神導師阿瑪琪（Ammachi）在國際上被稱為擁抱聖人。她環遊世界，每天擁抱數千人，至今已擁抱超過兩千萬人。人們排隊數小時，只為接受阿瑪琪的一個擁抱，因為她的觸摸中那無條件的愛充滿了療癒力量。根據狄帕克・喬普拉（Deepak Chopra）醫生的說法：「阿瑪琪是純愛的化身，她的存在充滿了療癒的力量。」（Amritaswarupananda，1994年）。被他人以無條件的愛擁抱和滋養時，就會立即感受到精神層次的提升。

然而，如果不喜歡被緊緊抱住，甚至是輕輕擁抱，就不要認為自己應該被擁抱。高敏感族容易受到驚嚇，請告訴你的伴侶、親戚和朋友，你不喜歡突如其來的擁抱。一位高敏感人士提到，有次他在洗碗時，妻子突然從後面抱住他，把他嚇了一大跳，讓他感到非常困擾。

嗅覺

許多高敏感族對氣味非常敏感。我有些高敏感的學生表示，每當他們靠近有噴香水的人就會感到噁心。如果你對合成氣味敏感，並且發現在飛機或劇院裡坐在噴香水的人旁邊，最好立即換座位。高敏感族對化學物質可能特別敏感。

如果你對氣味有不良反應，請確保家中沒有有害的氣體。同樣重

要的是，不要在充滿不健康氣味的場所工作。你可以建議辦公室的清潔人員使用在當地健康食品店就能買到的天然清潔產品。購買空氣淨化器來減少室內汙染並淨化空氣，還可以掩蓋刺耳的噪音。

隨著汙染增加，越來越多人在公共場合戴上口罩，以避免吸入不健康的有害氣體。如果你決定佩戴口罩，請購買高品質的口罩。有許多人都會在汙染的環境中佩戴口罩。舉例來說，我在拜訪印度和墨西哥的大城市時就戴上了口罩，即使有些當地人覺得這樣看起來很奇怪，但我得以保護自己免於吸入有害的氣體。

敏銳的嗅覺是高敏感族擁有的優勢之一，我們能夠利用此感官來平靜神經系統。芳香療法是草藥醫學的分支，透過吸入從植物和草藥提取的精油來達到調理效果。薰衣草和玫瑰等芬芳的精油對減壓非常有效。香氛精油店能夠指導你如何使用這些香氣。要注意的是，儘管芳香療法是平靜神經系統的絕佳方法，部分高敏感族群仍可能對其產生不良反應。購買香薰鍋和精油之前可以試聞一下，看看這種療法是否適合你。

如果能接受這些香氣，可以考慮使用薰衣草、茉莉和玫瑰，這些香氣能夠改變腦波，使人平靜、放鬆。有些企業的管理層發現，平和的香氣能使員工更有效率地工作，因此開始利用芳香療法（Worwood，1997 年）。你也可以點燃檀香或玫瑰的線香，這種氣味有助於安定心神。你還可以購買草藥養生枕，在睡覺時吸入草藥的氣味能讓人更加放鬆（www.sonomalavender.com）。

保持家中和工作場所空氣流通。定期清理空調和空氣淨化器的濾

網。如果你住在安靜的街道上,則可以適度打開窗戶換氣。

飲食

部分高敏感族對於太熱或太冷的飲食較為敏感。一般來說,食用溫熱的飲料和食物比滾燙的更好。根據阿育吠陀療法,食用溫熱的食物可以使神經系統平靜下來(Lad,1984年)。我曾有一位學生,數年來一直有嚴重的焦慮症。她有很長一段時間都處於緊張狀態,同時她有在遵循生食飲食。深入了解她的情況後,我發現她的焦慮與生食飲食有關。於是,她開始食用溫熱的熟食。經過了幾個月後,她表示焦慮程度顯著降低了。

另一位高敏感人士表示,當他試著在冬天只吃水果當早餐,就變得非常緊張。當他改吃熱麥片,則感到更平靜、更踏實。你應該要避免喝冰水,因為寒冷會對神經系統造成衝擊,降低你的「消化火」。外出用餐時,可以要求常溫水。在寒冷的冬天喝冰水會增加焦慮和緊張感。

然而在夏天,如果感到過熱並想讓身體降溫,只要不會有不良反應(例如頭痛),就可以喝冷水。另一種讓身體降溫的方法是飲用加有一點青檸汁的水。有時候,你可能會覺得冰淇淋等冷凍食品過於刺激。冷凍甜點有時會引發敏感族群的頭痛,因此最好讓冷凍甜點在嘴裡慢慢融化。

飲用溫牛奶能讓人非常放鬆。請記得每天飲用大量純淨水,以排除體內毒素。喝一杯鎮靜的草藥茶,如洋甘菊茶,則可以安撫神經

系統。試著在健康食品店購買新鮮的洋甘菊,將草藥浸泡在沸水中五分鐘後過濾。相較於使用洋甘菊茶包,使用新鮮草藥製成飲品效果更好。減少攝取咖啡因,如咖啡、紅茶和軟性飲料,將有助減少焦慮。我有許多學生透過逐步減少咖啡的攝取量,成功減少了焦慮。我建議每天在咖啡中多加入一點牛奶或豆漿,在一個月內,讓杯中剩下 25% 的咖啡和 75% 的牛奶。減少攝取咖啡因能讓你在一天中感到更平靜。

有些人覺得喝酒可以放鬆,但就算只是一杯酒精飲料,也可以使高敏感族產生不良反應。或許你認為在晚餐時喝一杯葡萄酒「沒什麼大不了的」,但了解自己身體對酒精的反應非常重要,不要只是人云亦云。

好消息是,因為你擁有敏銳的味蕾,所以能夠從美味的餐點中獲得極大的幸福感。身為高敏感族的優勢是能輕易察覺食物是否變質,從而避免吃到腐敗的食物。我認識一位高敏感人士,她因為擁有靈敏的味覺,最後成了一名品酒師。也許,你可以找到一分巧克力品嚐師的工作。對許多人來說,能從事這樣的工作,可說是擁有敏銳味覺的一大福音。

一週兩次迷你靜修

因為你對刺激敏感且容易感到不堪負荷,所以每週至少進行兩次迷你靜修非常重要。體驗內心的平靜和喜悅是你與生俱來的權利,因此,請務必撥出一些時間來放鬆。你可以選擇平日某一天和週末,特

別用幾個小時來滋養自己。剛開始，你可能會覺得每週花四個小時來平靜神經系統是一種奢侈，但在我看來，這是高敏感族的必做功課。如果你知道自己須要定期接受某些特殊的療程，例如血液透析，你一定會毫不猶豫地定期去看醫生來維持健康。同樣地，在過度刺激的世界中，迷你靜修對高敏感族來說至關重要。在迷你靜修期間，你能夠滋養身體、情感和靈魂。

告訴家人或室友你需要一些不受打擾的安靜時間。如果無法在家中做到這一點，嘗試找到其他地方來滋養自己。你有沒有朋友、親戚或同事願意在平日提供他們的住處給你使用幾個小時？或許你可以提供做飯、清潔、照顧「靜修房東」的植物或寵物等服務作為交換。

開始迷你靜修的第一步是關閉所有手機和電子設備，確保不會受任何外界刺激打擾，特別是來自家人的打擾。如果難以創造安靜的環境，可以播放平靜的音樂、打開白噪音機或戴上耳塞來創造無噪音的氛圍。你現在就可以躺在床上或沙發上，閱讀那本你總是沒時間看的心理勵志書，好好放鬆。

如果在閱讀時感到睏倦，你可以毫無愧疚地小睡片刻。如果喜歡芳香療法，就在香薰鍋中放些鎮靜的精油或燃燒薰香。如果感到口渴，就泡一杯洋甘菊茶或喜歡的舒緩飲料。準備一分特製的健康小吃（最好不含糖），仔細品嚐每一口佳餚。甚至不妨閉上眼睛，專注於舌尖上的美味。

接下來，試著做些能提振精神的運動，如哈達瑜伽或太極拳。你可以購買瑜伽或太極拳的 DVD 或錄影帶，也可以選擇進行溫和的伸展

運動或在大自然中散步。結束溫和的運動後,你可以選擇以下任何一項活動:冥想、聆聽放鬆音樂、漸進式放鬆、祈禱、閱讀能提振精神的書籍,或寫日記。

最後,你可以用溫暖的芝麻油按摩全身,然後泡個溫水澡。在浴缸裡添加你喜歡的任何東西,例如薰衣草精油或瀉鹽。視需要,花時間進行按摩和沐浴。不要制定嚴格的時間表,而是根據直覺進行上述各種放鬆技巧,讓神經系統平靜下來。在迷你靜修期間,你可以只專注於一項活動。

你應該享受定期的迷你靜修,現在就開始在行事曆上為滋養身心預留時間。但是,別忘了稍做檢視,不要因為滿滿的行事曆而感到不堪負荷。我也建議每年進行一次或兩次更長時間的全日或週末靜修。你可以在森林中的小木屋或任何讓你真正享受幾天平靜的地方,花時間進行修養身心。

應對時間壓力

身為高敏感族,你可能會發現自己不擅於處理時間壓力。加上高敏感族與生俱來的責任感,要在緊迫的情況下保持泰然自若,可說是難上加難。在本段落中,你將學習具體的技巧,以成功應對這個快節奏現代社會的日常壓力。

🖋 開車

在擁擠的城市道路上,「輕鬆駕駛」這個詞可能是矛盾的。我以前經常行駛在擁擠的高速公路上,習慣了車陣中憤怒的司機不斷按喇叭的聲音。然而,當我搬到加利福尼亞內華達山脈的鄉村,開車竟成了一項令人平靜的活動。因為各種因素,我須要搬到舊金山灣區,在這個人口密集的特大城市,我感覺自己像個鄉巴佬,被各種刺激所淹沒。搬家後不久,我在某個平日的下午五點有個重要的工作面試,面試地點距離我家約二十四公里。想到路程大部分都行駛在高速公路上,我天真地以為只要三十分鐘就能抵達目的地。令我震驚又沮喪的是,我被困在擁擠的高速公路上,車輛龜速前進超過一小時。我的焦慮和血壓逐漸升高,且怒上心頭。我意識到自己面試會遲到很久。諷刺的是,我面試的這分工作是教人如何減壓的!

請盡量避免在尖峰時間駕駛上高速公路。如果要參加的會議剛好會遇上交通尖峰時間,選擇使用你所在城市的大眾運輸系統,或者提前幾個小時到達該地區,並利用額外的時間在自然中散步或冥想。

高敏感族對所有事情都很謹慎,包括遲到,因此提前出發以預防交通堵塞非常重要。擔心遲到會大大增加你的焦慮感。如果知道自己有可能遲到,請致電要見面的對象或嘗試接受這個情況。我建議不要戴手錶,這樣就不會因為查看時間而讓自己更加不安。你可以用一張美麗的圖片遮住車上的時鐘,這樣你看到的就不是焦慮的源頭而是平靜。如果真的想知道確切的時間,你隨時可以移開圖片。

隨著路怒症的發生率逐漸增加，高速公路儼然成為高敏感族的壓力來源，而你最好避免與憤怒的駕駛互動。駕駛在慢車道上，讓所有趕時間的駕駛超過你可能會更輕鬆。然而，有些高敏感學生告訴我，他們不喜歡駕駛在慢車道上。這可能是因為他們內化了快節奏社會的價值觀。當你急於赴約，駕駛在快車道上，可能會感到壓力超載和失去平衡。駕駛在慢車道上，是學習在時間緊迫的社會中慢活的好方法。

在駕駛時聽平靜的音樂或古典音樂，比收聽最新的謀殺或恐怖襲擊新聞更加輕鬆。脫口秀主持人散播刺激和報復性言論，負面卻令人上癮，但可能會威脅到你平靜的神經系統。「仇恨電台」一詞是用來描述挑起敵意和憤怒的廣播電台。在慢車道上聽著愉快的音樂駕駛，你就能超脫充滿刺激的世界。但不要聽深度放鬆的音樂，這會讓你在駕駛時變得過於睏倦，進而發生危險。

與大多數駕駛的想法相反，遇到黃燈時，不要加速通過路口。試著將紅燈視為機會，用幾分鐘放鬆身體的肌肉，進行一些緩慢的腹式呼吸。如果遇到塞車，車輛停滯不前，你也可以利用這個機會更深入地放鬆。不懂得利用這個機會的駕駛，會變得越來越焦慮。如果你處於移動緩慢的車陣中，嘗試一些放鬆技巧來使自己平靜下來。雖然以下的故事不是關於開車，但我認為辛西雅運用深呼吸和重複咒語的經驗，對你下次遇到塞車時可能會有幫助。有一天，辛西雅在銀行裡大排長龍的隊伍中等待。隊伍停滯不前，顧客們的憤怒加劇。起初，她跟著大家一起抱怨行員的不稱職和銀行的效率低落。隊伍中的其他人很享受聽她的貶低性評論——愛抱怨的人總是物以類聚。過了一段

時間,辛西雅決定採取緩慢的腹式呼吸,並在心中重複「和平」這個詞。當輪到她辦理業務,她感到放鬆和愉快,而其他顧客仍然憤怒不已。下次在車陣中或大排長龍的隊伍中等待時,你可以試著內省,重複咒語並進行緩慢的腹式呼吸,然後注意自己感到有多麼平靜。

走路

在快節奏的社會中,大多數人已經習慣了快步行走。我住在偏遠的內華達山脈時,有位鄰居曾經在紐約當證券經紀人。雖然他在寧靜的環境中生活了多年,但我經常看見他步履匆匆地走在林中的小徑,不斷地看著手錶。有時,證券經紀人就算離開了華爾街,但華爾街的生活方式卻仍刻在證券經紀人心中。

高敏感族減少刺激最簡單且最便宜的方法之一是每天在大自然中散步。漫步在自然美景中時,可以嘗試走路冥想。在大自然中散步時,重要的是專注於當下,而不是將步行變成一場緊張的商務會議。

行走時,盡量放慢腳步,留意每一次悠閒抬腳前進的動作。留意腳跟和腳趾是如何觸碰到地面,以及抬起後腳的過程。還有一個技巧是留意聽到的聲音,聆聽鳥兒的美妙歌聲、瀑布的流水聲,或松鼠爬上樹的聲音。接著,觀察所看到的一切。凝視五顏六色的花朵、清澈的藍天,如茵的綠草。感受所觸碰的一切。鞋履觸碰到柔軟的地面,外套輕拂著你的手臂,隨你來回擺動。享受這些觸覺感受。最後,注意走路的動作。你可以默默地重複「走路」「走路」來關注你的行走,然後在心中重複「聽見」「聽見」「看見」「看見」和「觸碰」

「觸碰」（Hanh，1991年）。如此一來，在大自然中的散步就成了美妙的冥想。

一行禪師教導我們另一種美妙的走路冥想，幫助你活在當下（1991年）。不要反覆思考過去或擔心未來，走的每一步都重複一個咒語。你可以選擇「我已抵達」作為咒語，踩下右腳時說「我已抵達」，踩下左腳時說「我回家了」。每一步你都安全地在家。你也可以隨著每一步在心中默念「平靜」或「安寧」。走路冥想是非常適合高敏感族的練習，不僅可以放鬆心靈，也鍛鍊了身體。

說話

說話或許是高敏感族最須要打起精神應對的過度刺激活動之一。就我的經驗而言，來自北歐國家的人往往沉默寡言，這或許部分解釋了為何這些社會傾向和平。在我們的A型文化中，人們經常認為口若懸河是掌控和成功的象徵。然而，連珠炮式的討論，對敏感纖細的神經系統很容易造成衝擊。

減少刺激和創造內心平靜的最有效方法之一，是花時間保持安靜。在他人面前保持安靜時，你不必不斷發表意見或為自己辯護。你可以放鬆，只要觀察人們投射他們的信念，這本質上成為了一種冥想的體驗。你可以告訴他人，保持沉默有助於平靜神經系統，讓你不必擔心須要參與激烈的口頭互動。當家人和朋友注意到你變得更加平靜，他們可能也會想要效法這種安靜的行為。

對高敏感族來說，在談話中快速回應可能相當有壓力，因為我們

通常喜歡慢慢處理訊息。我發現在激烈的對話中減少刺激非常有效的方法是「暫停五秒」技術。雙方同意在回應對方前等待五秒。例如，假設你的伴侶告訴你，你在準備出門時已經遲到了，你可能會快速地回應說：「我沒有遲到。」這就會為過度刺激的爭吵揭開序幕，雙方會迅速且防禦性地回應。現在試試另一個情境，在回應同樣的說法前等待五秒。等一等，在心裡默數 1…2…3…4…5。這次，你可能會回應：「只要再幾分鐘就好了。」使用這種方法，就能將激烈的爭論轉變為冷靜的互動。

如果你習慣快言快語，可以請家人、朋友和同事提醒你放慢語速。試試看這個實驗。觀察你在快速說話後的感受。你的肌肉是否緊繃？呼吸是否淺短？是否感到緊張？接著，花點時間非常緩慢地說話，觀察身體和情緒感受。高敏感族喜歡慢慢處理訊息，但他們經常在主流文化的壓力下被迫快速回應。

試著每天在家人和朋友面前保持短時間的沉默。起初可能會感到不自在，但開始享受這種平靜與安寧後，你就會想要更多的沉默時間。然而，如果你已經是個安靜或害羞的人，不要以保持沉默為藉口來避免與人互動。我們須要在口頭交流和安靜時間之間取得平衡。當學生告訴我，慢速說話或聽別人慢慢說話讓他們感到快發瘋，這其實顯示出他們已經偏離了平衡和放鬆狀態。當我們不處在和諧狀態，我們會渴望讓我們感到更加不平衡的東西，例如連珠炮般地說話。

進食

在第二章關於減少過度刺激的技巧中,我們談到了早上細嚼慢嚥一頓營養豐富早餐的重要性。我的一位學生有慢性消化不良的問題。當我檢視他的飲食習慣,他告訴我,他的早餐是在辦公室灌下一杯咖啡,搭配一塊甜甜圈;午餐是在座位一邊工作一邊吞下三明治;晚餐則是在速食店解決。這樣糟糕的飲食怎麼可能不會消化不良呢?而且,即使吃的是最健康的有機蔬菜、水果和全穀物,如果吃飯時狼吞虎嚥,仍然可能會消化不良。

越專心吃飯,就越容易消化食物,也能更有效地減少過度刺激。真正注意到自己正在吃的食物,自然會感到更加平靜。你是否經歷過以下情況?去一間高級餐廳,花大錢享用一頓大餐。就在你把最後一口食物放進嘴裡時,卻突然意識到自己一直沉浸在激烈的對話中,完全沒有注意到自己吃了什麼。試著在每次進餐時用心品味食物。你可以試著在沉默中進食,或只進行輕鬆愉快的簡短對話。

培養專注飲食的新習慣可能並不容易,尤其是對於從小習慣吃飯配電視,或在飯桌上進行激烈對話的成年人來說。不妨從每週專注進食一餐開始,看看用餐結束時的感受。試著專注於正在吃的食物,不要進行其他刺激性的活動(閱讀、看電視、上網、說話等)。假裝自己是一名美食家,專注於正在評鑑的食物品質。留意你有多享受這道菜,以及在用餐後感到多麼放鬆。

✒ 寫作

與一般大眾觀點相反,醫生的字跡潦草並不是因為醫學院的訓練。你無法讀懂醫生的處方箋,其實是因為醫生想要節省時間。隨著電腦的出現,大多數人不再經常手寫。然而,留意你的手寫速度仍然有助於減少刺激。我記得當我與《A 型行為與你的心臟》的作者雷‧羅森曼博士學習,我和一位同學合作以確定彼此的性格類型。我說話緩慢,於是我的夥伴告訴羅森曼博士他認為我是 B 型性格。然而,羅森曼博士請我寫下一句話,並將我潦草的字跡展示給同學看後,他指出我是 A 型性格。

學習觀察你的手寫,試試以下練習。速寫幾分鐘後,閉上眼睛觀察你的感受。注意你是否緊握著筆?呼吸是否淺短?肩膀是否感到緊繃?你也可以在快速打字時進行這個實驗。刻意緩慢寫字或打字,注意身體是否感覺放鬆得多。如果你的字跡潦草到自己都看不懂,請慢慢地重寫一遍,享受書寫清晰的字跡和全新的內在平靜感。

✒ 講電話

無所不在的電話是高敏感族過度刺激的一大來源。隨著手機的普及,這種刺激變得更加令人難以忍受。當你以每小時一〇五公里的速度在高速公路上駕駛,一手握著方向盤,一手拿著手機,你認為這對神經系統有什麼影響?我建議你在開車時關掉手機。手機的普及是這個過度刺激、成癮世界的另一個現象。在商店購物、銀行排隊或是逛

街時，被迫聆聽別人的私人對話，令許多高敏感族感到極其焦躁。你是否注意到，在候機室等待登機時，很多人坐在你附近大聲講電話？你可以戴上耳機，聆聽舒緩的音樂或戴上耳塞以應對這些刺激的轟炸。公用電話亭和電話禮儀去哪裡了？或許高敏感族可以協助規劃無手機區域，就像協助建立禁煙區一樣。當然，擁有手機也有優點，像是可以即時獲得他人的協助並感到更安全，特別是在緊急情況下。如前所述，為應對令人不安的噪音，別忘記在出門時帶上耳機或耳塞。

別把電話鈴聲視為生活中的負面刺激，而是將這個聲音轉化為放鬆的提醒。想像自己是靜修會的成員，受到鐘聲召喚去冥想一樣，讓鈴聲提醒你進行深度放鬆（Hanh，1991年）。

嘗試在第三或第四聲鈴聲響起時才接電話（Hanh，1991年）。利用這幾秒鐘放鬆所有肌肉，同時進行幾次緩慢而深沉的呼吸，並在心中重複如「平靜」或「安寧」之類的咒語。如此一來，即使你感到不堪負荷，也不會用簡短、惱怒的語氣接電話，而會用緩慢、放鬆的聲音接電話。你可以將這個簡單的練習融入日常生活。此外，高敏感族容易受驚嚇，所以調低電話音量會是個好主意。

使用電腦

令人難以置信的是，網際網路運作了至今不到十年，卻已成為這個社會不可或缺的一部分。我幾乎所有的朋友和同事都有電子郵件。現在大家經常會跟你要電子郵件而不是電話號碼。你上次收到朋友寄來的手寫或打字信是什麼時候？過度刺激的網路和電腦已成為二十一

世紀生活的基礎。

　　高敏感族必須謹慎使用電腦。許多人必須花費大量時間坐在電腦前工作。試著每十五分鐘休息一次，進行伸展運動或短暫的走路冥想。如果這不切實際，可以簡單地閉上眼睛，觀察自己的呼吸幾秒鐘。但是，你應該定時離開電腦休息，長時間維持同一姿勢不動，將發展成背痛、頸痛和手腕痛。除了潛在的身體疾病，過度使用電腦還會造成眼睛疲勞、緊張感和被刺激轟炸的感覺。

　　下班後，你須要限制使用電腦的時間。為了避免在檢查電子郵件時壓力過大，只打開來自你認識的人的郵件，安裝垃圾郵件過濾器，並且不要讓太多人知道你的電子郵件地址。你可能會想回覆每一封郵件以示盡責，即使有些並不怎麼重要。如果不限制自己使用電腦的時間，你可能會在過度刺激的網路世界中越陷越深，進入永無止境的搜尋，加劇神經系統的負擔。你可以設定一個計時器，時間到了就離開電腦，停下來反思你所做的事。花太多時間在網路上會引起緊張、壓力和失眠。

　　你已經讀了這本書夠久了。現在，起身進行一次走路冥想吧。請享受，享受，再享受！

運用感官來讓高敏感族平靜下來

🌿 聆聽放鬆的背景音樂或戴耳塞，以避免聽到刺耳的噪音。

- 定期給自己或接受按摩。
- 減少坐在電視或電腦螢幕前的時間,多看美麗的圖片或大自然。
- 減少攝取咖啡因,改喝放鬆的草本茶和大量純水來代替咖啡、紅茶或汽水。
- 吃溫暖有營養的食物。
- 嘗試吸入放鬆的精油或薰香的氣味。
- 每週進行兩次迷你靜修,以及每年進行幾次較長的休息。

減少時間壓力的重點

- 慢速駕駛並聆聽舒緩的音樂。
- 盡量避免在尖峰時段駕駛。
- 利用紅綠燈和塞車的時間來練習放鬆技巧。
- 定期在自然環境中練習緩慢的步行冥想,保持平靜和專注於當下。
- 嘗試說話慢一點,有時保持沉默。
- 為了減少過度刺激的爭論,在激烈的對話中先等待五秒鐘再做回應。
- 每週至少一次進行正念飲食,期間不要進行其他活動如閱讀、看電視或交談。

- 嘗試以較慢的速度書寫和打字。
- 將電話鈴聲轉化為放鬆的提示,盡可能在第三或第四聲鈴響時才接聽電話,利用這些寶貴的時刻進行深度放鬆。
- 減少使用電腦、電話和電視的時間。

4

維持健康的身體

在上一章中,我們學到了能幫助穩定情緒的具體技巧。本章將提供維持健康身體的資訊和技巧。根據國際知名的減壓專家肯尼斯・佩萊蒂耶(Kenneth Pelletier)所說,所有疾病有五至八成的起源都與壓力相關(1977年)。高敏感族比非高敏感族更容易受到壓力影響和感到不堪負荷,因此對高敏感族來說,有一套預防性健康維護計畫特別重要。在我與高敏感族的訪談中,有98%的受訪者表示,工作壓力對他們的身體或情感健康造成了不良影響。

無論免疫系統的強弱,高敏感族往往會比非高敏感族更深刻地感受到疾病的症狀,並且在生病時感到更加不安。高敏感族對疼痛的忍受度也比非高敏感族低,使他們更能察覺到身體的疾病。

壓力會使免疫系統受損,使高敏感族更容易感染病毒和細菌

（Goldberg，1993年）。幾位高敏感者表示，他們注意到自己的壓力值與感冒次數之間有直接的關聯。許多人表示，他們會透過飲食、運動、攝取維生素和礦物質以及其他營養補充品來提升免疫力。免疫系統受到壓力影響時，可以採取以下措施來增強免疫功能。試著增加蔬果的攝取，避免攝取會削弱免疫系統的食物，如精製糖；維持適當的運動計畫；服用草藥和保健品；在冬天保持溫暖並避免接觸傳染者。

適合高敏感族的健康飲食

高敏感族須要非常注意飲食。有些食物確實有可能增加緊張和焦慮感，而有些食物則可能會損害免疫系統。如果能夠慎選吃下肚的食物，身體機能就能處於最佳狀態。

✒ 改善飲食時的注意事項

選購、烹調和進食時須要注意以下幾個方面：

＊ **食物過敏**：相較於非高敏感族，部分高敏感族可能對較多食物過敏。因此，請仔細閱讀食品上的營養標示，如果有食物過敏的疑慮或症狀，請務必尋求過敏專科醫師的協助。

＊ **加工食品**：許多加工食品含有潛在的有害成分，如致癌染料、味精（麩胺酸鈉）、過量的鹽和糖以及多元不飽和脂肪。食用高升糖指數的食物和精緻碳水化合物後，可能導致能量爆發或過度活動，並在血糖快速下降時引發憂鬱或焦慮等不良情緒。

* **高升糖指數**：升糖指數是測量你在進食後兩到三小時內，碳水化合物分解後血糖值上升的程度（Whitaker，2001年）。高升糖指數的食物包括含有白麵粉和白皮馬鈴薯（不包括地瓜）的產品、大多數高度加工的早餐麥片。如想了解各種食物的升糖指數，請造訪網站 www.mendosa.com。
* **辛辣食物**：可能會對某些高敏感者造成刺激反應。
* **標榜「純天然」或「低脂」的商品**：許多大型食品公司想趁著健康飲食的趨勢大賺一筆，但有時你可能會在一些「健康食品」中發現不健康的成分，如精製糖和防腐劑。
* **速食餐廳**：儘量避免吃速食，這些食物通常含有大量的糖、鹽、脂肪和化學物質。
* **商業種植的蔬果**：小心不要吃進商業種植的水果和蔬菜上可能殘留的農藥。

培養健康的飲食習慣

廣告會不斷轟炸你，鼓勵你購買不健康的食品，所以你須要從家人和朋友那裡獲得支持，以培養全新的健康飲食習慣。你可以閱讀講述健康飲食重要性的書籍，並選擇到健康食品店購物。

市面上有數百本飲食書籍。對高敏感族來說，想要找到一本適合的書籍可能並不容易。然而，只要遵循基本的健康飲食原則，像是減少攝取加工食品、糖、鹽和防腐劑，同時多吃有機蔬菜、水果和全穀物，就能改善免疫系統並減少焦慮。

有時，當身體失去平衡，人會渴望讓自己更加失去平衡的食物。舉例來說，吃越多高鹽高糖的食物，就會越想吃這類食物。電影院小吃部有時會在爆米花中加很多鹽，這樣客人就會因為口渴而購買含糖飲料。

我的學生阿琴告訴全班，她曾經對吃巧克力糖上癮，每天下午都會吃。然而，她在新年時下定決心戒糖，並持續了數個月。當阿琴的戒糖期終於結束後，她嚐了一口巧克力糖，卻發現吃起來很苦，而且再也不喜歡吃高糖的甜食了。如果你吃越多溫和、天然的食物，你就會越喜歡這類的食物。

多吃有機蔬菜、水果和全穀物益處良多。雖然有機農產品比較貴，但每週多花幾百塊錢，避免吃進有灑農藥的食物，對守護長期健康來說是非常划算的。

剛開始全新的飲食習慣時，請對自己溫柔一點，保持積極但不躁進。例如你可以慢慢減少加工食品，然後在飲食中增加攝取有機蔬菜、水果和全穀物。想要培養全新的健康飲食習慣，關鍵在於適量。

避免暴飲暴食非常重要。如果吃五分飽，身體既可以正常消化食物，還能避免消化不良和壓力。如果吃得太多，會增加心臟的負擔，導致更多壓力。「人吃飯是為了活著，但活著不是為了吃飯」（Amritaswarupananda，1989 年）。如果天氣不冷，可以嘗試斷食一天。一般來說，斷食對高敏感族的好處不多，如果斷食太多天，你的敏感性可能會導致不良的情緒或生理反應。

在西方國家，我們很幸運擁有豐饒美味的食物。然而，如第三章

讓感官平靜下來中所提到的，即使有這麼多可口的食物，但許多人並不總是有閒情逸致享用一餐。請記得花點時間，在平靜的環境中細嚼慢嚥，慢慢用餐。

雖然許多人都在減少攝取肉類，但吃葷可能比吃素再加上每天吃一品脫的冰淇淋來得健康。此外，做個不具批判性的肉食者，比愛批評人吃肉的素食者來得好。因為每個人的情況都不同，不妨進行實驗，找出能幫你維持健康的飲食。如果你有脹氣、胃酸過多、便秘或腹瀉的情況，建議諮詢醫師或營養師來調整飲食。

根據阿育吠陀的理論，食用濃郁、溫暖且濕潤的食物有助風型人（Vata）感到平靜，這一類型體質的人通常有較敏感的神經系統（Frawley，1989年）。食用熱湯、燉菜和熱麥片等食物，特別是在冬天，既滋潤又能使人感到平靜。你可以購買阿馬迪亞‧莫寧斯塔（Amadea Morningstar）所著的《西方人的阿育吠陀烹飪法》（暫譯。*Ayurvedic Cooking for Westerners*）一書，並依據風型人的飲食建議來調整飲食。濃郁、溫暖且濕潤的食物非常適合高敏感族所需的內在滋養。我建議在冬天多食用煮熟的蔬菜，在夏天則多吃沙拉。

食用複合碳水化合物可以增加血清素，這是一種能使神經系統平靜的大腦神經傳導物質。然而，高蛋白質食物可能會阻礙血清素的合成，使你感覺更加清醒。研究顯示，人們在食用高蛋白質午餐後感到更清醒，而在食用高碳水化合物午餐後則感到更昏昏欲睡（Jacobs，1998年）。

在餐與餐之間可以選擇健康的點心，例如水果、蔬菜、脫脂優

格、堅果或種子。你知道嗎？吃芹菜棒其實可以減重，因為芹菜棒本身的卡路里比咀嚼芹菜棒所消耗的卡路里還要低！試著做以下這個既美味又能滿足你甜食癮的點心：將蘋果和香蕉（或任何水果）切塊，然後淋上一湯匙天然（無糖）的莓果糖漿或果醬，最後撒上椰絲。盡量不要在家裡囤放含糖的加工食品，以避免誘惑，並多準備健康、天然的食品。

高敏感族飲食範例

每位高敏感者都是獨一無二的，請遵循讓你感到平靜的飲食，以維持最佳的健康狀態。以下列出幾個能讓高敏感族感到平靜和維持健康的飲食範例。

早餐建議

1. 燕麥粥、燕麥麩或米糠（這些食物的升糖指數非常低），可以搭配脫脂原味優格、牛奶或豆漿食用。也可以在麥片上撒些肉桂，並使用甜菊糖作為甜味劑，這有助於控制血糖。
2. 發芽穀物麵包可以搭配無鹽奶油、無糖果醬，低鹽醬油或低脂乳酪。
3. 用噴霧式橄欖油煎蛋。

午餐建議

1. 一大分簡單蒸煮或稍微炒過的蔬菜和／或沙拉，搭配鮪魚、鮭

魚、沙丁魚、精瘦火雞肉或雞肉，以及發芽穀物麵包。將煮熟的蔬菜淋上橄欖油、低鹽醬油或脫脂優格，然後撒上芝麻、葵花籽或堅果。
2. 蔬菜豆湯、煮熟的蔬菜或沙拉，搭配發芽穀物麵包。

晚餐建議
1. 一大分簡單蒸煮或稍微炒過的蔬菜和／或沙拉，搭配全穀物、魚類、精瘦雞肉或火雞肉。
2. 一道砂鍋菜、蔬菜豆湯或你喜愛的健康菜餚，搭配煮熟的蔬菜或沙拉及發芽穀物麵包。

烹煮蔬菜時，只須要蒸兩到三分鐘，這樣蔬菜能保持爽脆口感，也不會流失維生素或酵素。如果要炒蔬菜，使用橄欖油或橄欖油噴霧在不沾鍋中進行烹調。在健康食品店可以選購各種有機的彩色蔬菜。享用高熱量的主菜時，試著只吃一半的分量，並緩慢地品味每一口食物的滋味。如果你喜歡吃魚，盡量選擇富含 Omega-3 油脂且汞含量低的海鮮，如鮭魚和沙丁魚。請注意，由於汞含量高，美國食品藥品監督管理局（2003年）建議育齡女性避免食用鯊魚、劍魚和人王馬鮫魚。另外，飯後立即吃水果會妨礙消化，最好在兩餐之間或大餐後兩小時再吃水果。

正如先前提到的，飲食方式百百種，你只須要選擇適合自己的就好。你可以去圖書館或書店尋找許多令人垂涎的健康天然食譜。別忘

了觀察你吃的食物是否能讓你平靜下來,還是讓你感到緊張。

運動

蘭迪是二十多歲的單身高敏感男子,最近因為工作搬到了灣區。他公司主要的社交活動是每週的壘球比賽。儘管他對學校時期被迫參加團隊運動有著可怕的回憶,但他認為自己應該參與這項團體活動,因為他在這裡人生地不熟,沒什麼朋友。

然而,當他參加壘球比賽,他是唯一沒有擊中球的球員,而且犯了一些錯誤,掉了球。比賽結束後,他感到羞愧、憤怒和悲傷。經歷了那次創傷性的體驗後,他發現家裡附近有個週末聚會的健行俱樂部,於是他開始參加團體健行,而非打壘球。透過參與這項平和的活動,他度過了美好的時光,還因此結識了新朋友。

✒ 少了壓力,好處更多

身為高敏感族,摒棄主流的 A 型性格、競爭性活動,轉而選擇能創造內心平靜的運動至關重要。此外,為了避免受傷,用適合自己的節奏運動也非常重要。你應該用不到一半的能力進行運動,在運動時能正常呼吸並進行對話。在 1996 年,外科醫師建議每人每天進行 三十 分鐘中強度的運動,每天都這樣做最好,如果無法每天進行,也應該盡量去做(Jacobs,1998 年)。這些活動可分成幾個較短的時段進行,每天總計達到 三十 分鐘。

我過去幾乎每天打籃球,當時我無法理解為何自己總是感到疲憊。我當時沒有意識到,身為高敏感族,我無法總是跟上其他運動員的節奏。然而,當我將激烈的有氧運動減少到每週兩到三次,我變得精力充沛許多。雖然非高敏感族有時可以每天進行高強度運動,但大多數高敏感者必須謹慎監控自己的運動量和強度。只要在快速的二十到三十分鐘活動中稍微提高心率,你就能獲得許多身體上的益處,且不必承受情緒或身體上不良的副作用。

我們的競技體育文化對許多高敏感族來說宛如一場惡夢,尤其對男性更具挑戰性。不擅長運動的男孩往往感到不受重視,並在社交上遭遇打擊(Kindlon,1999 年)。許多男孩和女孩如果不擅長學校的團體運動,就會被排擠或嘲笑。高敏感族在壓力下參與團體運動會引發他們的焦慮感,讓他們感到難以承受,並且可能導致自尊心受損。在我進行過的高敏感族調查中,超過 90%的人表示他們更喜歡參與個人運動而非團隊運動。儘管有些高敏感族可能具有運動天賦,並且能夠透過練習面對團體運動的壓力,但一般來說,個人和非競爭性的運動更符合高敏感者的性格特質。

史蒂夫是四十多歲的高敏感族,他表示在學校時曾被迫參加團體運動,同儕壓力常讓他喘不過氣。他害怕在體育課打棒球,因為當他在右外野接球,所有人都會盯著他。運動相關的羞恥經歷,使史蒂夫在童年時期選擇避免參加體育活動。然而,成年後的史蒂夫發現,他其實喜歡某些個人運動和團隊運動。他意識到,只要他在比賽時沒有處於壓力狀態,就能表現得很好。跟支持他的朋友一起打網球時,他

的表現非常出色。然而,當他和兩個陌生人組成雙打,就會因為壓力太大而感到無所適從,表現通常也很差。

同儕壓力和試圖融入競技體育文化,也可能對身體健康造成不良影響。史蒂夫提到幾年前,他在健身俱樂部與朋友一起鍛煉時,發現自己試圖融入「非高敏感族的陽剛競爭」,為了展現自己能舉得最重,結果導致肩膀肌腱撕裂。

你不須要迴避所有團體活動,但要在參加活動時保持警覺,明智選擇何時參與,以及如何避免運動的潛在危害。艾莉絲是一位三十多歲的高敏感女性,她告訴我,她對寒冷非常敏感,只有在極為炎熱的天氣,她才能接受在冷水中游泳。某年三月的一天,她和一群朋友去了湖邊,當天天氣暖和,大家決定跳進冰冷的水裡。艾莉絲起初並不想下水,但在看著其他人游泳並慢慢試水溫後,她最終決定也下水。她說,一開始她覺得將敏感的身體浸泡到冰冷的水裡並不是個好主意,但因為只有幾秒鐘的時間,她還是勇敢跳了下去。她表示,感覺其實很涼爽,她很高興自己在當時挑戰了平常的極限。

適合高敏感族的休閒娛樂

一般來說,高敏感族適合從事非競爭性的運動,如散步、騎自行車或瑜伽。現在也有許多新的合作遊戲,適合一群人一起玩,例如保持球不落地。我在籃球場上有個難忘的經歷,是和朋友假裝我們在與想像中的球隊競賽,享受這個合作幻想遊戲中的同袍情誼。

每天在大自然進行一趟安靜的散步,是最簡單又便宜的療癒身心

運動之一，你也可以嘗試行走冥想。如我在第三章中提到的，在大自然中行走時，專注當下非常重要。

然而，如果你喜歡參加競技運動，最好是和另一位支持你的朋友一起，以減少過度的刺激。曾經挑戰浸泡冷水的艾莉絲，不會輕易將自己置於危險的處境。然而，她說有一次，她愚蠢地和一位競爭心強的朋友第一次去滑雪，這位非高敏感的「朋友」本應該教她如何滑雪，卻沒有在初學者的雪道上教艾莉絲，而是直接帶她到了高聳的雪坡頂端。這位非高敏感族的朋友選擇自己滑下坡，也沒有教艾莉絲滑雪的基本知識，留下她一個人在冰冷的雪地裡，不知道該怎麼辦。艾莉絲感覺受到羞辱，於是脫下滑雪板走下坡去。從此，她再也沒有滑過雪。

如果你或你的高敏感孩子想參加團隊運動，可以選擇像足球或排球這類本質上較不暴力的運動，而不是美式足球或橄欖球。然而，任何不惜一切代價想贏得比賽的教練或球員，都可能將比賽變成高敏感族的地獄。不幸的是，我們仍然生活在一個「眼中只有勝利」的文化中。事實上，如果參與者的意念是支持和關懷的，那麼無論何種運動都可以變得愉快。

哈達瑜伽是一種可以鍛鍊身體並減輕壓力的方法，它起源於印度，近年來在西方非常流行。瑜伽體式由一系列伸展動作組成，這些動作能夠運動身體，同時釋放壓力。進行哈達瑜伽不僅能鍛鍊身體，還能讓心靈和神經系統平靜下來。合格的瑜伽老師會建議你進行溫和的動作，並且永遠不會勉強你做到某個姿勢。太極拳起源於中國，也

是一種令人平靜的運動,現在在西方也越來越受歡迎。太極拳由緩慢而和諧的武術動作組成,有助於參與者提升內心的平靜感。

在我的一堂高敏感課程中,有位學生提出了他的理論:只要我們進行激烈的運動,就能超越身體極限,不會對刺激那麼敏感。然而,對大多數高敏感族來說,激烈運動會造成過度刺激,而非內心的平靜。另一位學生提到,空手道課程有助於讓她感到更加穩定。我會說,像哈達瑜伽這樣的溫和運動有助於讓自己更穩定,而不是參加跆拳道或空手道對打課程。不過,每位高敏感人都是獨一無二的,因此探索最適合你的運動類型吧!

建立運動計畫

運動時,身體會釋放腦內啡來緩解壓力。一百年前,人們從事大量體力勞動並長時間行走,身體會在一天中不斷產生腦內啡,從而減少壓力。運動釋放的腦內啡正是跑者的愉悅感和人們運動後幸福感的來源。除了減壓,定期的有氧運動還能降低血壓和膽固醇,強化心臟,且有助於減重。

雖然運動有助於減重,但請記住,三十分鐘的慢跑只能消耗掉約一杯三百卡路里的冷凍優格。我二十幾歲的時候,幾乎每天都至少打一個小時的籃球,所以我無法理解為什麼體重一直在增加。我總是告訴自己,既然幾乎每天都在進行激烈的有氧運動,每天晚上多吃一些餅乾或冰淇淋也沒問題。在增胖了十一公斤後,我不得不放棄「只要運動就可以隨便吃」的想法。

一般來說，晚上七點後運動並不好，因為身體大約需要三個小時才能冷卻下來。在我的減壓課程中，有位學生告訴我，他必須在晚上運動，因為如果在早上運動，整天會感到過於疲憊。儘管他表示自己對刺激敏感，但他是個競爭心很強的人。我詢問他都進行什麼類型的運動，他回答說：「我會去健身房，將跑步機調到最高速，全力奔跑三十分鐘。接著，再站上階梯機，盡全力逼自己走三十分鐘。最後，我會用重訓器材進行半小時的鍛鍊。」我告訴他，光是聽他描述這個訓練過程，我就累了。

　　當我們探討他為什麼選擇如此高強度運動，他告訴我，他從小和兩個強悍的哥哥一起長大，哥哥們總是羞辱他，並在運動上擊敗他。他最終意識到，他是在過度補償自己小時候體能較弱的劣勢。當你探究並了解成癮或失衡行為的原因，就會比較容易放下這種負面模式。

　　如果你很難從沙發上起身運動，可以和朋友、親戚或同事一起鍛鍊，建立支持系統。研究發現，如果和家人一起運動，你們的關係會變得更好，因為你們一起釋放腦內啡，創造了正向的共同經驗（Bhat，1995 年）。你可以和夥伴一起制定規律的運動計畫。選擇一項你真正喜歡的運動，如果你討厭運動，可以戴上耳機播放喜愛的音樂，同時在健身腳踏車、跑步機或踏步機上讀一本有趣的書或雜誌。如果要在健身房運動，選擇有舒緩氛圍的地方很重要。長時間待在充滿嘈雜音樂、刺眼燈光和吵鬧人群的地方，可能會給高敏感族帶來更多壓力。在靠近辦公室或家裡的地方鍛鍊，就不會因為長途駕駛而感到勉強。你可以考慮購買設備在家使用，這樣就可以在運動時觀看激

勵人心的電視節目或影片。不過,請儘量在自然環境中進行戶外運動以減少刺激。開始任何運動計畫前,請務必諮詢你的醫師。

營養補充品、維生素和草藥

高敏感族容易吸收壓力,這可能會引發身體和情緒上的問題,因此我們應該使用有效的補充品、維生素和草藥治療來幫助維持能量值、保持冷靜,並減少因壓力引起的不良生理反應。尚伯格(Shamberger)和隆斯戴爾(Lonsdale)博士的研究發現,經歷疲勞、情緒波動和失眠的患者,在服用了六到十二週的營養補充品後,症狀有所減輕(Goldberg,1993 年)。在我的研究中發現,大多數高敏感族每天都會服用補充品或草藥。事實上,估計有 46% 的美國成人每天服用營養補充品(Goldberg,1993 年)。有些高敏感人告訴我,他們對服用補充品有興趣,但是因為不知道該選哪一種而感到困惑。市西面上的選擇種類繁多,可能令人眼花撩亂,畢竟保健食品產業儼然成為了數十億美元的產業。十年前,你很難在藥房或超市找到草藥,但現在幾乎所有零售店都有販售草藥和補充品。難怪這麼多人感到困惑!

除了供應的種類繁多,我們還很難知道應該從哪裡獲取可靠的補充品和草藥資訊。不幸的是,目前的情況是,數百萬人正在購買補充品和草藥,但美國食品藥品監督管理局(FDA)並未對該行業進行監管,大多數醫師也沒有接受過關於補充品和草藥使用的任何訓練。根據最近的一項研究指出,83% 的醫師承認他們沒有接受過藥物和營養

素相互作用的正式訓練（Whitaker，2004年）。讓消費者更加困惑的是，有些不肖製造商為了快速牟利，在產品的實際成分和標示上出現了不一致的情況。研究表示，不同公司的草藥和補充品的劑量和品質有所差異，儘管它們宣傳的是相同的產品（Whitaker，2004年）。

雖然一般來說，草藥和補充品是安全的，但你仍然須要對其副作用保持謹慎。如果你有在服用西藥（由醫師開立的傳統藥物或非處方藥），就須特別注意維生素和草藥對身體可能產生的影響。例如，某些草藥和維生素E在與抗凝血藥物可邁丁（Coumadin）一起服用時可能會產生危險。

我強烈建議在服用任何草藥或補充品之前諮詢過醫師。不過，正如我提到的，許多醫師對補充品和草藥的了解有限。如果你的醫師不熟悉某種補充品，建議可以找一位有整合醫學背景的醫師（參見第10章）。有趣的是，在許多歐洲國家，醫師在醫學院時就學習草藥，並經常為患者開立草藥配方。我認為，美國醫師學習並開立補充品和草藥處方只是時間問題。可惜由於製藥產業對醫學界的影響，如此重大的轉變可能不會一夜之間發生。不過，我最近驚訝地發現，有些美國的骨科醫師已經開始為有關節問題的患者開立葡萄糖胺補充劑。

許多值得信賴的醫師和醫學研究人員撰寫了書籍和文章，向公眾描述如何安全使用補充品和草藥。還有許多整合療法的治療師，如順勢療法醫師、自然療法醫師、阿育吠陀醫師、草藥師和針灸師們在開立補充品和草藥方面具備豐富的知識。然而，請確保你的治療師真正了解所有副作用。第10章將詳細介紹這些專業人士，並提供尋找適合

你的專家指導。

你可能會發現，與整合醫療人員相處會更舒適，因為他們許多人本身也是高敏感族，而大多數醫師不是。讓你的醫師知道你是高敏感族非常重要。告訴你的醫師，因為你對事物感受較深，身體對藥物和疼痛的反應可能會比大多數人更強烈。這些對你的醫師來說是非常重要的資訊。

我認為，結合現代西方醫學的卓越進展、來自原住民文化的古老療癒草藥，以及現代補充品和維生素非常重要。每年進行一次全身健康檢查，包含所有必要血液檢查，有助於你清楚了解自身的健康狀況。這些資訊可以讓你知道哪些補充品最適合你，更清晰地了解應該服用哪些補充品。

在購買草藥和補充品之前，確認價格很重要。許多健康食品店都有提供促銷商品。然而，不要僅因為價格便宜就購買產品，而是要從有良好聲譽的製造商那裡購買最高品質的補充品。你可以與健康食品店中負責訂購維生素和草藥的人員交談，了解哪些品牌擁有良好的口碑。詢問店員在草藥和維生素方面有多少工作經驗。不幸的是，有些健康食品店雇用的員工可能經驗不足甚至毫無經驗，所以請確保你談話的對象擁有豐富的知識。

購買草藥或補充品時，務必詢問銷售人員產品的製造日期，因為有效日期可能不準確。舉例來說，亞麻籽油應該在製造日期後六個月內或更早使用，但有時候標示的有效日期可能是一到兩年。服用草藥時，除非能確保膠囊（或瓶中的散裝草藥）是新鮮的，否則最好選擇

酊劑（以酒精或非酒精為基底的液體）。有些乾燥草藥在六個月後會開始失去效力，而一年後，許多草藥幾乎不再有效。酊劑的保存期限則最長可達五年。

如何找到適合的營養補充品和草藥

以下是一些可以用來獲取有關草藥和補充品的絕佳資訊來源。朱利安・惠特科（Julian Whitaker）醫師（www.drwhitaker.com）撰寫了許多關於替代療法的文章和書籍，他也是一所健康機構的主任。另一個很棒的來源是安德魯・威爾（Andrew Weil）醫師（www.drweil.com），他或許是替代醫學最知名的提倡者。在他的著作《自然醫學全書》（暫譯。*Natural Health, Natural Medicine*，1990 年）和《自癒力：活用身體的自然修復能力》（暫譯。*Spontaneous Healing*，1995 年）中，他推薦了特定的西方、中醫和阿育吠陀草藥。在狄帕克・喬普拉醫師（Dr. Deepak Chopra）的著作《越活越年輕》（暫譯。*Grow Younger, Live Longer*，2001 年）中，他提供了正確使用補充品和草藥的重要相關資訊。

珍・卡波（Jean Carper，www.stopagingnow.com）是一位國際知名的醫學作家，她的文章經常出現在《美國週末》（暫譯，*USA Weekend*）雜誌及許多星期日的報紙上。她的書《即刻停止老化》（暫譯。*Stop Aging Now*，1995 年）資訊豐富，包含了許多醫學研究，探討補充品和草藥的益處。她列出了適當的劑量、購買補充品的類型以及潛在的副作用。她提到的補充品包括有維生素 B_{12}、C、E、鉻、鋅、鈣、

鎂、硒以及輔酶 Q-10。

許多草藥和補充品有助於減少焦慮和緊張。但是一般來說，不建議每天使用草藥製劑來減壓，因為身體可能會對草藥產生抗藥性，必須加重劑量才能達到效果。舒緩焦慮的草藥應該在「須要時」才服用。

包括纈草、百香草、啤酒花和洋甘菊都是一些常用於減少焦慮的草藥。許多高敏感族在購買含有多種療癒草藥的配方後，獲得了不錯的效果，因為這些配方能產生協同作用。雖然纈草是最具鎮靜效果的草藥，但有些人表示在服用纈草後反而感到亢奮。每個人的體質對不同的草藥以及劑量都有不同的反應。請詢問你的醫師或保健專業人士應該服用多少劑量。由於高敏感族對草藥的效果更為敏感，你應該從低劑量開始，在專業醫療人員的建議下逐漸增加劑量。嘗試不同的草藥，看看哪一種最適合你的體質。最後，有種非常好的花精酊劑叫做「急救花精」（Rescue Remedy），可以在你感到壓力大時幫助平靜心情。

壓力大或經常旅行可能會導致失眠。你可以在睡前一小時服用一些鎮靜的草藥。你也可以嘗試服用褪黑激素，它是大腦在入睡時釋放的激素。在睡前一小時服用緩釋型的褪黑激素可以幫助入睡或對付時差。搭飛機穿越超過兩或三個時區時可能會出現時差反應，即使非常疲倦也會難以入睡。一種名為「零時差」（No Jet Lag）的新型順勢療法藥物有助於減少時差反應。我們將在下一章探討如何改善睡眠，並提供更多關於放鬆草藥和補充品的資訊。

如果因為壓力而出現消化問題，你可以嘗試飲用蘆薈汁、龍膽或苦味劑。洋甘菊茶和薑茶也能舒緩腸胃不適。喝杯洋甘菊茶是一種很

好的天然減壓方式。如我在第三章中提到的，市售草藥茶包的效果可能不那麼顯著。更有效的方法是購買新鮮的洋甘菊或其他鎮靜草藥的膠囊，把它們打開，取出一湯匙放入杯中，加熱水，用蓋子或小盤子蓋住至少五分鐘後過濾，然後飲用。大多數中藥的準備方法是將草藥加入水中，煮沸至一杯的量，然後過濾。

本書有許多資訊是源自印度的古老療癒系統阿育吠陀的原則。阿育吠陀可以達到類似於傳統藥物的效果，但通常風險較低。例如，根據安德魯・威爾醫師的說法，阿育吠陀草藥古古爾（guggul）能以風險較低、類似於藥物的方式降低膽固醇。三果寶（triphala）是威爾醫師所發現最好的腸道調節劑（1995年）。還有一些草藥可以鎮定神經系統，例如甘松根（jatamamsi）和印度人參（ashwagandha，又稱南非醉茄，Frawley，1989年）。以芝麻油為基底的外用阿育吠陀鎮靜草藥是一種強效的放鬆劑，你可以在壓力大的時候使用(www.oilbath.com)。

儘管你每個月可能會花費五十美元或更多在補充品和草藥上，但這種預防措施的費用，相較於不維持健康的身體和讓心靈平靜下來所產生的對抗性醫藥費用，只是冰山一角。正所謂「一分預防勝過萬分治療」！

幫助減壓的健康飲食

- 增加攝取有機蔬果、全穀物、低脂蛋白質、Omega-3 油（來自鮭魚、亞麻油或魚油）及花草茶。
- 減少攝取糖、防腐劑、鹽、咖啡因、高升糖指數食物及加工食品。
- 午餐和晚餐可以盡情享用簡單烹調的有機蔬菜或生菜沙拉。
- 吃高熱量食物時，只吃平常分量的一半。專注地、慢慢地享用這些重口味的食物，仔細品嚐每一口。
- 在餐與餐之間吃一些水果、蔬菜、堅果、種子或低脂優格。試著在家中、工作場所或外出時都準備著健康的零食。
- 天氣寒冷時，吃些溫暖且滋補的菜餚，如豐盛的湯品和燉鍋菜，這可以撫慰並鎮定高敏感族的神經系統。
- 買一本包含美味及健康的食譜書，並尋求家人和朋友的支持，一同遵循你的新飲食計畫。

適合高敏感族的運動計畫

- 與夥伴一起運動,建立支持系統。選擇在家中或工作場所附近進行運動。
- 考慮購買一台運動器材,將其放在容易使用的地方。
- 選擇真正喜歡的運動。嘗試進行溫和的運動,如散步、瑜伽或太極,避免過度刺激的健身房或競爭激烈的團體運動。
- 調整運動強度以增加成就感。不要在運動結束時感到筋疲力盡,以最大能力的 50% 進行鍛鍊即可。
- 請記住,定期的有氧運動有助於預防心臟疾病、降低血壓、控制體重、提升能量和愉悅感,並減少壓力和憂鬱。
- 最好不要在晚上七點後運動,因為這可能導致失眠。
- 如果覺得運動無聊,可以戴上耳機聆聽有趣的錄音或音樂,觀看激勵人心的電視節目或影片,或閱讀書籍、雜誌。
- 盡量每天運動二十至三十分鐘(在大自然中散步對高敏感族特別有益)。
- 開始任何運動計畫之前,請先諮詢醫師的意見。

服用營養補充品及草藥

- 利用現代醫學實驗室檢測,幫助確定最適合自己的補充品和草藥。
- 閱讀書籍並查看風評佳的整合醫學醫師的網站,找出最適合你的補充品和草藥計畫。
- 與你的醫療保健提供者會面,了解草藥和補充品的劑量、品牌及潛在的副作用。
- 確保草藥是新鮮的,或購買酊劑,這類產品可保存長達五年。
- 最好不要每天服用高劑量的草藥來治療焦慮和失眠。
- 請記住,預防勝於治療。
- 服用草藥和補充品之前,請先諮詢你的醫師。

5

不再失眠：睡眠改善計畫

本章中，你將了解過度刺激與睡眠之間的關係。我將介紹多種適合高敏感族的放鬆技巧，無論你有沒有睡眠問題，這些技巧都能幫助你減少過度刺激。

過度刺激與睡眠問題

根據我的研究發現，許多高敏感族偶爾或經常會有入睡困難或是睡眠中斷的問題。處於過度亢奮的狀態下時，入睡會變得更加困難。根據伊蓮‧艾倫的說法：「過度刺激通常是嬰兒失眠的原因。」（2002 年）對大多數高敏感族而言，要在背景噪音嘈雜的環境中入睡也極其困難。

幾年前的哈里斯民意調查（The Harris Poll）顯示，約有一半的成年人有睡眠問題，而 15% 的人口則患有慢性失眠症（Jacobs，1998年）。失眠患者的中樞神經系統通常較容易被喚醒，腦波活動速度較快。因此，考慮到高敏感族對噪音的敏感性，而且在經歷刺激後難以放鬆，高敏感族在獲得良好睡眠方面經常都得面臨各種挑戰。

我與失眠對抗的二十年奮鬥史

我清楚記得在五年級時開始有入睡困難的問題。我不僅對學校裡發生的事極為敏感，還在夜晚持續擔憂這些事情，如果我爸爸在隔壁房間看電視，或是我聽到父母談話，我也無法入睡。身為一個高敏感人，我幾乎無法忽略這些多餘的噪音。我經常在夜裡醒來，然後很難再度入睡。缺乏睡眠形成了惡性循環，到了晚上，我擔心隔天會因為太疲倦而無法正常活動，這又讓我感到更加焦慮和亢奮。

到了七年級的時候，醫生開立鎮靜劑來幫助我入睡。在整個初中和高中期間，我每週通常須要服用三次安眠藥，因為我在心理和生理上都對藥物產生了依賴。我不得不增加劑量才能入睡，結果白天因為昏沉而難以正常活動。這種失眠的模式一直持續到我二十多歲。在無法入睡的夜晚，我經常經歷嚴重的焦慮，在床上輾轉反側數小時，幾近恐慌。

我三十歲時開始攻讀心理學博士學位，並在壓力管理和失眠領域進行了大量研究。在這段期間，我對自己的生活方式做出了重大改變。我開始減少過度刺激的 A 型行為模式，保持適合自己體質的運動

計畫,改變飲食習慣,開始每天進行冥想和放鬆技巧,並且建立了對睡眠的全新積極態度。

經過多年的研究和實驗,我建立了一個成功的睡眠計畫,我很高興地跟大家報告,我不再受失眠的困擾了。現在我通常在關燈後幾分鐘內就能入睡,一年裡只有在旅行或面對極大壓力情況時才會遇到幾次入睡困難。

我是如何結束這長達二十年的失眠惡夢,擺脫安眠藥、焦慮和恐懼的呢?是什麼方法治癒了我課堂上許多學生的失眠?有些學生說我的聲音太無聊,聽了就想睡。我告訴學生們,如果他們在失眠課程中不及格,也不須要為此失眠。其實,我發現保持幽默感是幫助我克服失眠的重要因素。當高敏感族過於嚴肅看待其敏感性和失眠,睡眠問題就會加劇。不過,除了開幾個玩笑之外,本章將為你帶來我二十年奮鬥中所獲得的智慧結晶。

我們的文化鼓勵睡眠問題

如果失眠不是生理因素導致的,那麼敏感的中樞神經系統可能是導致無法安穩入睡的主要原因。失眠可能只是高敏感族試圖融入這個過度刺激社會過程中所產生的症狀,就像你想要將圓形塞進方形一樣。我們會深入探討高敏感族失眠的原因,你將理解迎合這個讓人不堪負荷的世界規範與失眠之間的重要關係。

一百年前,人們很少受到失眠的困擾(澤夫,1999 年)。當時沒有路怒症、過度刺激的電視節目或電腦。我們的曾祖父母不會每週在

家中的電視收看色彩鮮明、血腥的戰爭報導。在二十世紀初期，人們大多居住在小城鎮或鄉村地區，與大自然保持著和平與和諧的節奏。「日出而作，日落而息」這句老話是有道理的，特別是在有電力供應以前，這樣的情形十分常見。將一百年前寧靜自然環境中的生活，與如今任何一座大城市的高峰時間車況相比，你就能理解為什麼失眠已成為現代生活的流行病。如果你習慣處於高壓的環境，肌肉經常緊繃，腦袋充滿刺激性的思緒，你又怎麼能輕易入睡呢？

長期處於緊張狀態，壓力荷爾蒙就會啟動中樞神經系統。你會逐漸習慣肌肉緊張、心跳加快、血壓升高，以及時刻保持敏銳的感官。這些因素都會導致失眠。最新研究顯示，白天因壓力升高的荷爾蒙，在夜晚睡覺時仍然會維持在較高的數值（Jacobs，1998年）。

評估生活目標是改變生活方式以減少失眠的第一步。高敏感族須要努力創造將過度刺激降到最低的生活方式。每天花時間進行自我反思，思考如何達成內心平靜的目標，清楚辨別可以在哪些領域做出正向的改變，並理解自己為何仍選擇留在充滿壓力的工作或家庭環境中。但請記住，在這個過度刺激的世界中，我們已經習慣了即時滿足。如果你面臨失眠問題已經有一段時間，要有耐心慢慢減少這些睡眠困擾。實踐本章節中的建議時，即使依然遇到睡眠困難，也不要灰心。隨著時間推移，你的睡眠一定會逐漸改善。

不同的睡眠階段

睡眠有五個階段：兩個淺層睡眠階段、兩個深層睡眠階段，以及做夢睡眠階段。第一階段是從清醒過渡到睡眠的階段，這時會出現所謂的「θ波」（Theta 波）腦波模式，與深度放鬆的狀態類似。第一階段只持續幾分鐘。第二階段是淺層睡眠，這是進入真正睡眠的第一個階段。人們大約有一半的睡眠時間都處於第二階段的淺層睡眠（Jacobs，1998 年）。

深層睡眠（第三和第四階段）會產生所謂的「δ波」（Delta 波）腦波模式。此時，身體處於最深度的休息狀態，血壓和心率都降至最低。深層睡眠是睡眠中最重要的部分，通常在夜間開始時較頻繁地出現。免疫系統會在深層睡眠中啟動。然而，日間過度刺激分泌的壓力荷爾蒙（如腎上腺素）可能在睡眠中繼續釋放。如果夜間無法進入第三和第四階段的深層睡眠，免疫系統可能會因此受到影響（Jacobs，1998 年）。

快速動眼期睡眠（REM）也稱做夢階段，是較淺層的睡眠，類似於清醒狀態。每晚大約有四個九十分鐘的睡眠週期，期間曾經歷所有四個階段以及快速動眼期睡眠。在夜晚的前半部分，深層睡眠的時間較長，快速動眼期睡眠較少；但隨著夜晚的推進，第三和第四階段的深層睡眠時間逐漸減少，而快速動眼期睡眠的比例則逐漸增加。

研究顯示，每晚五個半小時的核心深層睡眠足以讓人白天正常活動，若睡眠少於五小時，隔天只要午睡也仍能保持良好的效能

（Jacobs，1998 年）。在五個半小時的核心睡眠後，已完成 100% 的深層睡眠和 50% 的快速動眼期睡眠。人們經常在從快速動眼期睡眠轉到淺層睡眠時醒來。即使是在凌晨四點醒來，只要在晚上十點半入睡，就已經完成了所有重要的深層睡眠，所以不必擔心是否能再次入睡。對憂鬱症患者而言，若被剝奪過多的夢境睡眠，情緒反而會有所改善，因為過多的夢境會造成情感和生理上的疲勞。研究顯示，讓憂鬱症患者早起以避免過多的夢境睡眠對他們來說是更好的選擇（Jacobs，1998 年）。

睡五到六個小時並不會影響你的表現，但白天可能會感到有點疲倦。有些人晚上更有創造力，例如湯瑪斯・愛迪生，他經常在晚上工作，每天早上和下午只睡幾個小時。你可能會發現自己實際上不需要那麼多的睡眠。

冥想或深度放鬆時，身體會獲得相當於淺層睡眠的休息。如果難以入睡，只要在那段時間進行冥想或深度放鬆，隔天仍然會感覺到休息充分。這也是為什麼許多冥想者不需要太多睡眠的原因。另外，在冥想期間，壓力荷爾蒙的分泌會減少（澤夫，1999 年），心率和呼吸速率會降低，肌肉也會放鬆。

睡眠診所的研究表明，許多自稱整晚沒闔眼的人實際上睡了好幾個小時（Jacobs，1998 年）。這些人誤以為自己在淺層睡眠階段時是清醒的。此外，當一個人處於壓力狀態，時間似乎會變慢，因此夜晚躺在床上輾轉反側的時間可能感覺更長。史丹佛大學睡眠診所的一項研究指明，一二二名失眠患者高估了自己入睡所需的時間，誤差達三十

分鐘，同時低估了總睡眠時間，誤差達一小時（Jacobs，1998 年）。

　　每個人所需的睡眠時間都不一樣。我有位朋友一生中每天只睡五個小時，但她在這樣的睡眠時數下依然表現良好。其他人則需要九個小時的睡眠才能感覺充分休息。隨著年齡的增長，身體所需的睡眠量會有變化。通常，如果你相信自己已經睡夠了，隔天就不會感到疲倦。我記得有一天我只睡了五個小時，卻感到充滿活力，但當我計算出自己只睡了那麼少的時間，我突然就感到疲倦，想要躺下來休息。

　　試著每天在相同的時間上床睡覺和起床。如果在星期天早上睡太晚，到了晚上可能就不會感到睏倦，這會讓你陷入「週一失眠症候群」。雖然在白天長時間午睡或賴床很誘人，但這可能會影響到晚上的睡眠。儘量不要午睡超過三十分鐘。而且，與其喝咖啡提神，不如小睡片刻，這會提升你當天剩餘時間的生產力和情緒。

睡眠問題的心理因素

　　重要的是，你須要排除任何可能引發失眠的醫療問題。如果有人告訴你，他在夜晚似乎會喘不上氣、大聲打鼾，並且即使「睡」了很長時間仍然感到疲憊，那他可能患有睡眠呼吸中止症（澤夫，1999 年）。睡眠呼吸中止症患者會因為呼吸受阻而在夜間醒來數百次，但他們並不會意識到自己醒來了。針對睡眠呼吸中止症，有些相對簡單的程序可以幫助患者改善睡眠品質。另一種可能引起睡眠障礙的身體狀況是「不寧腿症候群」（澤夫，1999 年）。這種症狀會在躺下時

引發腿部的不適感或不自主的腿部抽動。磨牙（即緊咬牙關或磨動牙齒）也可能干擾睡眠。如果你懷疑是某種健康問題影響了睡眠，請諮詢醫師，醫師可以轉介你到睡眠診所，幫助你評估睡眠問題。

還有一個須要注意的重點是確認正在服用的藥物是否影響了睡眠。有些藥物可能為興奮劑，導致夜間失眠，或者產生鎮靜效果，造成白天的嗜睡感。非處方藥也可能干擾睡眠。有些止痛藥含有咖啡因，而有些鼻塞藥和哮喘藥物則具有刺激性（Jacobs，1998 年）。請與你的醫師確認目前服用的藥物或藥物組合的可能副作用。你也可以諮詢藥師。我建議年長者考慮尋求老年醫學專科醫師的建議，因為他們對於藥物對老年人的影響有深入的了解。你也可以去圖書館或上網查詢藥物的副作用。

安眠藥與草本製劑

科學研究顯示，行為治療對於失眠的效果比藥物治療更為有效。根據美國國家衛生研究院和《新英格蘭醫學期刊》（*The New England Journal of Medicine*）的報告，失眠應該透過行為改變與非藥物的方式來治療（Jacobs，1998 年）。經常使用安眠藥會導致身體對藥物產生耐受性，可能引發許多副作用。在 1970 年代，安眠藥是全球最常被開立的藥物。時至今日，安眠藥每年依然創造了四億美元的銷售額。目前最常開立的安眠藥是苯二氮平類藥物，這類藥物比早期的巴比妥類安眠藥更安全。具有短半衰期的苯二氮平類藥物（即身體分解並排除這些藥物所需的時間較短）通常不會引發隔天的嗜睡感。Ambien 安眠

藥的半衰期僅為一‧五到四‧五小時,而煩寧（Valium）則需要兩到五天才能完全代謝（Jacobs,1998年）。

根據安德魯‧威爾醫師的說法,如果你正經歷重大的創傷,服用鎮靜劑幾個晚上可能是合適的（1995年）。然而,每晚服用並不是明智的做法。所有鎮靜劑都會帶來問題,它會抑制中樞神經系統的功能,最終可能導致心理和生理上的依賴,抑制快速動眼（做夢活動）,導致白天昏沉,而且隨著耐受性的增加,可能需要更大的劑量。

然而,如果經常服用安眠藥也不用過度擔心。隨著你逐步融入本章中所介紹的整體睡眠方法,你的睡眠將獲得改善。患者應在醫生的監督下逐步減少使用安眠藥。你可以開始制定計畫,比如每週選擇一個比較容易入睡的夜晚,將劑量減半,然後逐漸減少其他夜晚的用量。慢慢學會在不依賴藥物的情況下入睡,你也會變得更有自信。

睡前儀式

準備入睡是非常重要的。畢竟,從清醒、忙碌的日間活動狀態直接躺到床上,然後期望能立即安穩入睡並不太合理。然而,這卻是許多人每天所做的事情。以下是一些有效的策略,幫助你從清醒警覺的狀態順利過渡到平靜的睡眠。

✐ 有意識地放鬆

睡前冥想、進行漸進式放鬆（如想像肌肉逐漸放鬆）,或聽放

鬆的錄音檔約二十分鐘可以幫助減少睡眠問題，讓心靈平靜、身體放鬆。此外，白天進行冥想或深度放鬆，可以減少夜間壓力荷爾蒙的分泌，提升睡眠品質。雖然在理想情況下，建議每天至少進行兩次，每次二十分鐘的深度放鬆或冥想，但即使每小時冥想幾分鐘，也能有效降低壓力。你也可以鼓勵家人在晚上與你一起冥想，這不僅可以減少夜間的家庭衝突，還有助於提升家庭和諧。俗話說得好：「一起冥想的家庭，不須要一起調解衝突」。

提早上床

對於大多數高敏感族來說，最理想的就寢時間是在晚上十點之前。根據狄帕克・喬普拉（Deepak Chopra）的說法，根據自然的晝夜節律，人們在晚上十點之前會更容易入睡（1994 年）。你是否曾經在傍晚感到睏倦，但到了午夜卻完全清醒？就像花朵在黃昏時閉合花瓣，非夜行性的動物在日落後不久入睡一樣，對大多數人來說，晚上十點前入睡是比較自然的（Lad，1984 年）。如果你目前習慣在午夜或更晚才上床睡覺，試著每週將就寢時間提前十五分鐘，幾個月後，你的就寢時間就會接近晚上十點。當然，某些日程安排可能讓早睡變得困難，因此盡你所能即可。你可以嘗試早睡一個禮拜，觀察自己是否更容易入睡。

絕對別看時鐘

減少睡眠問題的最重要原則之一是，千萬不要在晚上八點後看時

鐘或手錶（澤夫，1999 年）。我有許多學生僅是遵守這個簡單的規則，就成功終止了他們的失眠模式。大腦需要一個負面的觸發因子才會延續睡眠障礙，而看時鐘並擔心睡眠不足正是造成睡眠障礙的最佳導火線。過度刺激大腦、擔心時間時，你怎麼可能入睡？你可以試著將時鐘放在不容易看到的地方，這樣就不會一直盯著它看。放下對時間的緊迫感，停止佩戴手錶或頻繁查看時間會有助於放鬆。

　　艾倫，一位三十多歲的已婚高敏感族，他對時間的緊迫感加劇了他的失眠問題。艾倫告訴我，每當他在高峰時段開車回家，全身都會因為擁擠的高速公路而顫抖。他陷入了惡性循環，將時間和道路上的其他駕駛視為敵人。我建議艾倫停止戴手錶，並且不要在家裡或車上看時間。我還建議他花點時間去享受大自然的「無時間感」之美。到了下一週，艾倫和他的妻子微笑著來到我的課堂，並且打內心深處散發出平靜。他不僅放棄了手錶，還和妻子去優勝美地國家公園度過了悠閒的長週末，三天內他們沒有看過一次時間。他告訴我，他一生中從未經歷過如此深刻的平靜與喜悅！由於不再擔心時間並置身於平靜的環境中，艾倫的焦慮和失眠轉變成了幸福。

關掉所有電子產品

　　最好避免在晚上觀看刺激性的電視節目或電影。觀看晚間新聞就像是在睡前邀請當天的兇手進入你的意識，這可不會是一首平靜的催眠曲。觀看電視時，重要的是要有辨別能力。記得在廣告時按下靜音按鈕，這樣神經系統就不會被過度的刺激所干擾。利用這段時間進行

冥想,為自己尋求內心的平靜,而不是讓自己暴露在廣告推銷的各種感官誘惑中。

我有一位高敏感族朋友,因為發現大多數電影和電視節目中都會有一些無謂的暴力場景,讓她感到焦慮並產生惡夢,因此她現在不再看電影或電視。然而,因為每個人對媒體刺激的反應不同,所以為自己創造平衡的生活方式很重要。我曾經有位學生聲稱,唯一能讓她晚上入睡的方法就是看電視。雖然電視顯然讓她感到某種安慰,但這種方式對大多數高敏感族來說可能是相當有害的。

來自伴侶的干擾

如果你的伴侶是個睡覺不安穩或打呼很大聲的人,且會嚴重影響到你的睡眠,你就須要考慮購買兩張單人床,甚至分房睡。如果你的伴侶不是高敏感族,且一沾枕頭就能入睡,你須要幫助他們理解,創造安靜的環境以獲得良好的睡眠品質對你來說有多麼重要。如果你們無法找到彼此都願意妥協的方式,或許你應該考慮尋求婚姻諮商師的協助。

放下一天的煩惱

在晚上八點或九點後,將答錄機的音量調到最低,關掉手機、電視和電腦,放下這一天的忙碌。如同在第二章中提到的減少過度刺激的技巧,大多數晚上的作息應該包括一些平靜的活動,例如閱讀能夠提升心靈的書籍、冥想或寫作。不要在深夜進行激烈的辯論。正如第

三章所討論的，你可以用草藥精油按摩自己，或是在晚上滴幾滴薰衣草精油來泡澡。

如果你發現自己在反覆思索某個特定問題，請最多花一小時的時間，寫下所有可能的解決方案。在這之後，你要明白，繼續思考並不會對解決這個問題有任何幫助，因此要學會放下。最後，花點時間寫下你對生活中所有感恩的事（澤夫，1999 年）。這會讓你更容易入睡，而且是在充滿愉快想法的氛圍中安然入眠。

打造子宮般的舒適睡眠環境

為了減少刺激，臥室應該是個安靜、黑暗且安全的空間。高敏感族很容易受到驚嚇，所以須要在房間裡感到安全，減輕任何預期中的危險。如果你看到一輛陌生的車停在你家前面，你的中樞神經系統可能很容易受到刺激。建議可以試著在房子後面的房間睡覺，以減少街道干擾帶來的刺激。入住汽車旅館或飯店時，務必要求一間遠離街道、安靜的房間。

在《孩子，你的敏感我都懂》一書中，依蓮・艾倫描述了她的兒子在嬰兒時期在用毯子蓋住的睡眠帳篷裡睡得更好，帳篷裡沒有光線，也幾乎沒有噪音（艾倫，2002 年）。她描述的是一個類似子宮的安全環境，這也能幫助高敏感的成人更容易入睡。

有位高敏感的學生告訴我，因為最近社區發生了幾樁竊盜事件，讓她在臥室裡感到不安全。儘管她安裝了防盜警報和許多安全設備，

仍難以入睡。她對潛在危險很敏感，所以無法放鬆，也無法順利入睡。當她最後搬到更安全的社區後，她的失眠便消失得無影無蹤了。

白色、淺藍色和淺綠色等柔和溫暖的顏色能夠增加寧靜感。臥室的圖片應該充滿歡樂，例如像莫內的〈睡蓮〉這樣的自然景象。順便提一下，莫內所創作的〈睡蓮〉壁畫，是他在吉維尼的壯麗花園中完成的作品，作為給戰後法國人民的寧靜禮物（Murray，1997年）。在臥室裡擺放植物和花卉也能營造出一種滋養、安靜的環境。

讓身體保持在舒適的溫度下會比較容易入睡。「熱到睡不著」這句話是基於事實，當天氣極度炎熱，身體無法降溫下來就會難以入睡。試著將臥室的溫度保持在攝氏十九度或以下（澤夫，1999年）。如果覺得冷，可以多加幾條毯子。也可以在晚上泡澡或在熱水浴中放鬆（這能深度放鬆肌肉），因為泡完熱水澡後，體溫會快速下降。

如果覺得太熱，可以在身上塗抹椰子油（這是最具涼性的油），或是喝檸檬水。有一種瑜伽呼吸法叫做「清涼呼吸法」（sheetali pranayama），能讓整個身體降溫（澤夫，1999年）。只須將舌頭捲成管狀，然後用嘴巴深深吸氣，感覺吸到了腹部。試著做幾輪這種呼吸練習來降低體溫。

我的一些高敏感學生報告說，感到寒冷時難以入睡。他們覺得寒冷加劇了恐懼和焦慮，因此他們更喜歡溫暖的天氣。有時候寒冷的氣候會讓人感到不那麼受眷顧，而溫暖的天氣則能對神經系統產生撫慰作用。若是住在寒冷的地方，在冬天保持溫暖非常重要。

打造一個安靜幽暗的房間

噪音是高敏感族面臨最困難的挑戰之一,這會干擾他們獲得良好的睡眠。你是否經歷過以下情況?你花了好幾個小時,透過洗澡、冥想或閱讀提升心靈的書籍來減少刺激後,你已經睏到幾乎無法伸手關燈。就在你進入淺層睡眠的第一階段,鄰居的狗突然猛烈吠叫,你的神經系統為之一震,整個人驚醒過來。或者,當你正準備入睡,樓上的鄰居開始大聲放音樂,並在你頭上踱步。除了與鄰居溝通、搬動房間(或在極端情況下搬家)外,你還能做什麼來應對阻礙你睡眠的噪音汙染呢?

有技巧地在頭部附近放置一台白噪音機,有助掩蓋突如其來的噪音,讓大腦無意識地專注於恆定的聲音。風扇、空調或空氣淨化器的嗡嗡聲也可以遮蔽令人不安的噪音。聲音機提供了來自大自然的不同聲音,比如河水流動的聲音。然而,我認為高敏感族可能不會覺得聽到有間歇性雷聲的雨聲頻道具有舒緩的效果。

還有一個有效的降噪方法是戴耳塞。蠟質耳塞的降噪率為二十二分貝,而泡棉耳塞通常至少可以降低二十九分貝的噪音。某些人發現泡棉耳塞不夠有效,因為有時難以完全密封在耳朵內。你須要仔細按照說明正確插入耳塞。另外,有些人的耳道形狀不利於完全放入泡棉耳塞。

正如我在第三章中提到的,施工用耳罩也能有效降低噪音。它可降低大約二十二分貝的噪音,你可以在五金行等處購買到這種耳罩。

雖然大多數人可能覺得戴著它睡覺很不舒服,但有一位學生報告說,他平躺入睡,然後會在睡夢中轉身側臥,本能地摘掉耳罩。

聽力專家可以為你量身訂製一套降噪二十九分貝的耳塞。這種專門製作的耳塞的優點是會更貼合你的耳道。有時,如果感覺不舒服,客製耳塞須要重新塑形。如果你真的想完全隔絕噪音,可以嘗試在耳塞外再戴上一副耳罩。

對光的敏感性也可能會干擾睡眠。有時僅從臥室門縫透進來的一點光就足以造成刺激,讓你無法入睡。你可以在臥室門底部安裝門窗密封條,並在門縫處使用密封條。你或許還須要買些厚窗簾來擋住街道或滿月的光線。

睡覺前最好避免暴露在強光下,因為光線會使人保持清醒。然而,在早晨醒來時,曝露於陽光或明亮的室內燈光下是很好的(澤夫,1999年)。光線會停止分泌幫助入睡的褪黑激素,使我們在早晨感覺更加清醒。

你也可以購買一副舒適的眼罩。有些眼罩還附有內建耳機。如果能接受,使用小夜燈會比在半夜起床時開大燈的刺激更小。暴露在強光下可能會讓你難以再次入睡。不過,確保床旁有一盞容易觸手可及的閱讀燈,這樣當你感到睏倦,就不須要下床去關燈。為了避免因背痛在夜間醒來,你的床也應該足夠舒適。有位學生告訴我,她因背痛而經常在夜間醒來,但自從她換成了硬式床墊後,睡眠品質得到了改善,早晨醒來時也不再感到疼痛。

運動及飲食對睡眠的影響

如同我們在上一章讀到的，規律運動可減少焦慮，因為身體會釋放內啡肽，這能減輕壓力。如果整天都坐在電腦前，晚上可能會感到煩躁不安，甚至在應該感到身體疲憊、準備入睡時，仍然想要四處活動。缺乏運動也可能導致失眠，因為這會抑制體溫的日夜變化（Jacobs，1998 年）。運動會提高體溫，三小時後體溫則會下降，促進睡眠。因此，晚上運動並不是個好選擇，因為身體需要三小時來降溫。如果想在傍晚運動，可以考慮慢走或做些輕柔的瑜伽動作。

麗娜是一位二十多歲的單身高敏感族，她對舞蹈充滿熱情。可惜的是，她的舞蹈課程和表演大多在深夜進行。她經常抱怨說，當她想在半夜入睡，即便身體已經非常疲憊，卻仍會輾轉難眠好幾個小時。她怎麼可能在被過度刺激、體溫升高後，嘗試在午夜（這個更加刺激的時刻）入睡呢？麗娜確實陷入了困境，因為她不願放棄她的舞蹈日程。有趣的是，許多非高敏感族在參加同樣刺激的活動後，仍能順利入睡。由於她堅持不放棄跳舞，我建議她探索在下午或傍晚進行舞蹈課程的可能性。不過，如果她繼續維持現有的作息，她的睡眠問題將不會獲得改善。順帶一提，我認為〈I Could Have Danced All Night〉（暫譯為：我可以整夜跳舞）這首歌應該不是高敏感族所寫的。

最好在晚上七點前吃完輕食晚餐，如果想吃辣的食物，比起在晚餐時吃，午餐時吃更適合。因為消化一餐需要兩到三個小時，太晚吃晚餐可能會導致失眠。睡前可以吃些複雜性碳水化合物，例如一片發

芽麵包或幾片裸麥餅乾以增加血清素,這是一種可能促進睡眠的腦部神經傳導物質。然而,大部分蛋白質可能會抑制睡眠,因為它會阻礙血清素的合成(Jacobs,1998年)。

食用重口味、溫熱且濕潤的食物可能有助於促進睡眠。這種飲食特別適合冬天,既滋養又有助於平衡。一位高敏感族曾嘗試過生食飲食。她告訴我,採取這種飲食後,她便開始經歷睡眠問題。她表示,恢復到熟食飲食後則感覺更平靜,睡眠也變好了。我建議冬天多吃熟蔬菜,而夏天則多吃沙拉。

睡前一小時飲用一杯加了肉豆蔻的溫牛奶,可能有助於入睡,因為肉豆蔻具有天然的鎮靜作用(Frawley,1989年)。此外,晚上喝一杯草本茶(如洋甘菊茶)可以放鬆神經系統。減少咖啡因的攝取,如咖啡、紅茶、巧克力和汽水等含咖啡因的飲品,能減少刺激並改善睡眠品質。

兩個可能干擾睡眠的習慣是吸煙(尼古丁是一種興奮劑)和飲酒。雖然晚餐時喝一杯葡萄酒通常不會有不良影響,甚至可能有助放鬆,但注意酒精攝取量仍很重要。對於一些高敏感族而言,幾杯酒精飲料可能有助於放鬆,但也可能導致淺眠和睡眠品質下降。

改變對睡眠的看法

提升睡眠品質的一個重要法則是培養正面的態度。對於睡眠的負面想法可能會形成自我實現的預言,進一步加劇失眠。你要將任何關

於睡眠的負面思維重塑成正面想法。通常，你對睡眠問題的恐懼其實並不是真實的。

在我經歷二十年失眠的過程中，我清楚記得每晚躺在床上，陷入嚴重的焦慮，擔心自己無法入睡。每一晚，我都因為相信悲觀的想法而不停為失眠編寫劇本。不幸的是，在我缺乏睡眠的那些年頭，我並不知道負面思維會引發緊張的生理反應。恐懼的思維會導致心跳加速、血壓升高、肌肉緊繃和呼吸淺促，在這樣的情況下，怎麼可能睡得著呢？

以下是一些會引發失眠的負面想法例子，以及新的、能幫助消除睡眠問題的正面思維轉換。

「我明天得開好幾個小時的車，如果沒睡覺，就沒辦法開這麼久的車。我可能會在開車時打瞌睡，進而發生車禍。我知道了！我會喝咖啡撐過去。但這樣我會變得很緊張，明天晚上又睡不著了。」

「只要我能獲得五個半小時的核心睡眠，開車應該沒問題。如果我感到睏了，隨時可以小睡一下，這會讓我保持清醒。我不會強迫自己入睡。我只會冥想，隨著緩慢深長的呼吸，放鬆肌肉。冥想相當於淺眠，所以明天我會沒事的。」

「糟了，我已經躺在床上很久了卻還是睡不著！我知道鄰居通常會熬夜到凌晨，但是連他們家的燈都熄了。今天晚上肯定又是個無法

入睡的夜晚。我明天一定沒精神上班。」

「我還有很多時間可以入睡。我以前也曾經少睡一夜，結果也沒什麼問題。我不需要八小時的睡眠才能活動。我會重複唸『平靜』這個咒語。這總是能讓我平靜下來。然後，我可能會享受一下看書的時光。這也讓我放鬆。等到我感到昏昏欲睡，自然就會睡著了。」

有些人會因為與時間相關的負面自我對話而導致睡眠問題，例如：

「天啊，已經半夜了，我還沒準備好上床睡覺。我得趕快上床，這樣今晚才能睡得夠。」（急著放鬆，有可能嗎？）

「糟糕，已經凌晨兩點了，我還是睡不著。現在已經三點半了，幾個小時後就得起床了，可是我還是沒睡著。該怎麼辦？」

「希望我能再睡著。我想知道現在幾點了。喔不，已經凌晨兩點了，這表示我只睡了三個小時。如果我不能再睡著，那可真慘了。」

你可以輕鬆放下任何關於時間的負面自我對話。既然你現在計劃在晚上十點上床睡覺，那就只須告訴自己，你有很多時間可以在床上放鬆，而且有充足的時間來獲得核心睡眠。事實上，你的目標不是立刻入睡，而是花點時間在入睡前享受放鬆的時光，無論是透過冥想還是閱讀。因為你不會盯著時鐘看，所以可以用一個正面的肯定句來對自己說：「現在還早，我有充足的時間入睡。」

如果半夜醒來，只須告訴自己：「我想現在應該快天亮了，我大概已經完成了五個半小時的核心睡眠，所以即使再也睡不著也沒關係。我只要享受一會兒的放鬆時光就好。」如果半夜醒來後專注於剛剛做過的夢，可能會比立刻開始擔心日常問題，或擔心無法再入睡更有幫助。

　　切記不要躺在床上試圖計算當晚能睡多久。偶爾發現自己在床上翻來覆去、長時間無法入睡時，與其躺著「試圖」入睡，不如起床。你可以在床上閱讀或平躺冥想約一個小時。然而，如果過了一段時間仍然不覺得睏倦，可能會將床與清醒連結在一起，這會產生負面影響。在這種情況下，最好起床閱讀、冥想，或聽一點放鬆的音樂，直到睏意來襲。

印度雙城記：旅途上的高敏感人

　　在印度，這是最好的年代，也是最壞的年代。我第一次去印度旅行時，天真地對睡眠問題沒有採取任何預防措施。旅行本來就會讓我因為對環境變化、過度刺激和時差的敏感而引發失眠。我多年來都沒有遇過睡眠問題，所以在第一次印度之行時，我竟愚蠢地沒有攜帶任何草藥或西藥的助眠藥物。

　　當我經歷超過三十五個小時的旅程抵達馬德拉斯（Madras），我完全被時差和抵達第三世界國家的過度刺激所壓垮，每個感官都被徹底震驚。為了省錢，我和朋友選擇住在一間在旅遊指南中列為價格

適中的印度風格飯店。那時已是深夜，我們的計程車也已經離開，我決定不看房間就直接入住。當我拖著疲憊的身體走上狹窄、昏暗的走廊，我震驚地發現房間正對著馬德拉斯最繁忙的街道。印度有個相當特別的習慣，就是每個司機都會不斷按喇叭。刺耳的噪音交響樂讓我不寒而慄。相較於印度一些大城市的汙染，洛杉磯的空氣簡直清新怡人許多。

屋漏偏逢連夜雨，當晚這間空蕩蕩的房間裡的冷氣壞了，所以在三十七度高溫濕熱的環境下，唯一活下去的方法就是打開那扇布滿灰塵且有裂縫的骯髒窗戶。浴室散發出尿騷味，配上汗漬斑斑且破損的床單，讓我的嗅覺處於戰鬥狀態。這絕對不是個安全、安靜、涼爽且令人平靜的環境。當我的非高敏感族朋友在那個糟糕的夜晚睡得像個嬰兒，我卻不斷叫醒她，尋求支援，因為我的焦慮幾乎已經接近恐慌。我感覺自己像是進入了高敏感族的地獄，這絕對是我人生中最糟糕的一晚。

快轉到十三年後我的第二次印度之旅。這次，我和朋友選擇飛往印度的一個小鎮，避開吵鬧且汙染嚴重的大城市。抵達印度後，我們去了距離機場不遠的安靜海灘度假村。第一晚，我決定奢侈一點，住在一家舒適昂貴的飯店。我仔細檢查了房間，如果不夠安靜，我已準備好要求換房間。這間可愛的房間裡有台運作正常的冷氣，還能看到海灘的景色。

在這第二次的旅程中，我攜帶了西藥與草本的助眠藥、鎮靜油、耳罩式耳機、耳塞、耳機播放機，還有眼罩。長途旅行讓我時差混亂

且感官過度刺激,當晚我立刻服用了少量、溫和的西藥助眠。我再次醒來時,從阿拉伯海上升起的太陽光正灑進我的房間。由於我在飛機上也服用了順勢療法的藥物以減少時差反應,我在那天早晨醒來時充滿了活力和喜悅,準備好探索這個全新的迷人世界。

整個旅程中我都不須要再服用任何西藥,雖然有時候環境會有些吵,但耳機和耳塞隔絕了所有刺耳的聲音。透過使用舒緩的精油,並在晚上偶爾服用草藥,我在為期一個月的印度旅程中睡得很安穩。也因為第二次的旅程準備充分,我度過了一段非常愉快的時光。

如同我的故事所示,旅行時,照顧好自己非常重要,千萬不要因為須要特別準備而感到內疚。如果要做客,出發前應該告訴主人你有什麼特別的需求。與其待在無法忍受的情況中,不如安排其他的睡眠環境。就像我第一次去印度的經歷所見,非高敏感族的伴侶和朋友在最艱難的環境下通常也能輕鬆入睡。如果你提前計劃,無論是你自己還是你的非高敏感族親友,大家都會很高興你這麼做。然而,計畫時你不須要過度焦慮,不用擔心每個可能出現的問題。如果你是第一次在新伴侶家過夜,也不須要像伍迪・艾倫電影裡的角色那樣,帶著滿滿兩個行李箱的藥物。只要攜帶讓你感覺舒適的基本必需品即可。

你可能比非高敏感族更容易感受到時差。我的許多學生報告說,服用一種叫做「No Jet Lag」(時差緩解劑)的順勢療法藥物(可在健康食品店購買)能有效改善時差。有些人也表示,服用褪黑激素有不錯的效果。如果你因為時差而失眠,這是少數幾個可以服用一小劑量的安眠藥。在飛往目的地的途中,請確保補充足夠的水分,並嘗試在

新時區的白天保持清醒，等到當地的晚上再睡覺或冥想。到達新時區後，千萬不要白天睡覺。確保在新地點的前幾天有足夠的時間放鬆自己。只要遵循這些簡單的步驟，旅程就會成為一段美好的經歷！

減少睡眠障礙

- 檢視生活方式，看看有沒有辦法減少壓力。
- 排除任何會引起失眠的醫療原因，例如藥物、睡眠呼吸中止症等。
- 睡前二十分鐘進行冥想、深腹式呼吸、漸進式放鬆，或聽放鬆的音樂。
- 儘量在晚上十點之前或左右上床睡覺。
- 晚上八點或九點之後不要再看時鐘。
- 最好不要在晚上觀看刺激性的電視節目或參與激烈的討論。晚上可以閱讀勵志的書籍、寫作、冥想，或進行平靜的對話。
- 白天時，可以在大自然中安靜地散步。
- 每週至少三次進行三十分鐘的有氧運動，但不要在晚上運動。
- 在晚上七點前吃完晚餐，並避免吃辛辣的食物。睡前吃一些澱粉類食物如發芽麵包，有助於提升鎮靜的神經傳導物質。
- 睡前一小時可以喝一杯舒緩的草藥茶，如洋甘菊茶，或喝一些加了肉豆蔻的溫牛奶。

- 睡前泡個含有幾滴薰衣草精油的澡，或在身體或額頭上塗抹舒緩精油。
- 偶爾可以在睡前一小時服用一些溫和的草藥，如西番蓮或啤酒花。
- 確保臥室安靜、幽暗且涼爽。這個空間應該是安全且能滋養心靈的地方。
- 遵循固定的作息，每天在同一時間上床睡覺和起床。
- 培養對睡眠的正面態度。將關於睡眠的負面自我對話轉化為正面的陳述。
- 旅行可能會帶來睡眠挑戰，因此請攜帶必要的睡眠輔助工具。

祝好夢！

6

高敏感族如何建立和諧的人際關係

前幾章中,我們討論了如何減少日常生活的過度刺激,還有刺激如何影響睡眠。現在,我們將探討身為高敏感族對人際關係的影響,並學習與眾人建立正向關係的技巧。

敏感度與人際關係

身為高敏感族,有時你可能會對他人的情緒和行為產生過度反應,且往往是負面的。根據依蓮‧艾倫(2001年)的研究,40%有困難童年經驗的高敏感族,傾向於帶著恐懼與他人互動。在她的書《戀愛中的高敏感族》(暫譯。*The Highly Sensitive Person in Love*)中,艾倫簡明扼要地描述了高敏感族在親密關係中的特質(2001年)。透過對超過一千人的研究,她發現高敏感族在墜入愛河時,經歷的情感

強度比非高敏感族更為深刻。她指出，70% 的高敏感族是內向且害羞的，她推測這種害羞可能是一種減少人際關係刺激的策略。

艾倫博士還描述了有些人（包括高敏感族和非高敏感族）是高刺激追求者（HSS），喜歡刺激性的活動、冒險並且容易感到無聊（2001年）。當一位需要低刺激的高敏感人與一位非高敏感族高刺激追求者結婚，關係中的挑戰可能隨之而來。在這種情況下，高敏感族喜歡獨自在家或安靜地度過時光，而非高敏感族則對這種生活方式感到無聊，總是渴望刺激的活動。艾倫在她關於高敏感族關係的研究中，強調了高敏感族與非高敏感族須要學習妥協，才能使關係成功。雙方必須創造出最佳的刺激水平，並採用創意解決方案。艾倫還強調，伴侶們應學會接受彼此的差異，而不是責怪對方擁有不同的性格。

然而，即使是與其他高敏感族在一起，高敏感族也會面臨某些挑戰（艾倫，2001 年）。雙方可能都會花過多的時間獨處，並且對彼此的敏感過度反應。高敏感伴侶須要透過自我推動，多參與外出的活動，為生活創造更多的刺激，因為參與令人興奮的新冒險有助促進關係。然而，高敏感伴侶須要注意不要在外出時過度關注刺激。例如，我的高敏感朋友南蒂塔和我在旅行時相處得很融洽，因為她也堅持要住在安靜的地方，並且討厭噪音。然而，當我們在充滿刺激的印度旅行，我們花了過多的時間討論嘈雜的環境。由於我們專注於共同的高敏感族問題，有時就錯過了體驗印度一些壯觀景點的機會。

高敏感伴侶須要處理彼此在性格上的差異，否則可能會引發嚴重的問題。在關係中，若高敏感的一方不致力於尋找創意解決方案，可

能會陷入日常的衝突中,這不僅限於伴侶之間,還包括與非高敏感文化者相處的困難。

生氣造成的生理變化

當你因某人感到生氣,體內會發生化學變化。當你感到怨恨和挫折,壓力荷爾蒙會啟動中樞神經系統,最終你將習慣於長期的肌肉緊繃、心跳加速和血壓升高。此外,急性憤怒發作時,身體會釋放壓力荷爾蒙兒茶酚胺(類似腎上腺素的荷爾蒙)。當你白天經常經歷慢性憤怒和挫折,會導致皮質醇(一種讓你處於備戰狀態的荷爾蒙)分泌過多,以及幫助平靜情緒的血清素分泌減少(Bhat,1995 年)。過多的兒茶酚胺會導致焦慮、擔憂和恐懼。此外,兒茶酚胺會加速心跳,可能引發心臟問題。過多的皮質醇會提高警覺性,並使思緒不安,讓你變得更容易受到驚嚇,聲音聽起來更大聲,光線看起來更亮。在慢性憤怒和挫折的狀態下,低水平的血清素使你更難感到快樂和滿足,這可能導致憂鬱症。同時,創造快樂感的內啡肽幾乎耗盡會導致你與他人的關係變差。

當你因為「不敏感」的人而讓自己生氣,受傷的只有你自己。那些人可能根本不知道你在對他們生氣。身為高敏感族,你最寶貴的優勢之一就是能夠深刻感受到慈悲心。你可以利用天生的善良,敞開心胸,包容無禮的人,並克服受傷的情緒。古德云:「冤冤相報何時了。」聖雄甘地則表示,如果我們遵循「以眼還眼,以牙還牙」的信

念,整個世界將會變得盲目且無恥。因此,敞開你身為高敏感族充滿慈悲的心胸來療癒你的人際關係吧。

以下是個簡單的練習,可以輕鬆將有害的憤怒情緒轉化為愛。

🪶 以心為主的視覺化練習

回想一下最近一次你被他人傷害而感到憤怒的經驗。此時你的注意力是在頭腦還是心裡?現在,深深地吸氣,想像慢慢地將氣吸入腹部⋯⋯專注於空氣充滿你的腹部,然後緩緩吐氣⋯⋯現在把注意力轉移到你的左手⋯⋯左肘⋯⋯左肩⋯⋯左胸部的左側,進入你的心⋯⋯感受你的心隨著愛意擴張⋯⋯深刻體驗此刻的平靜與安寧,心靈的寧靜與祥和⋯⋯接下來,想像你和這個人之間曾經有過的正面經驗⋯⋯當時你對這個人的感受是什麼?花點時間,仔細回想他們的優點⋯⋯問問自己,你能放下憤怒嗎?⋯⋯你願意放下憤怒嗎?⋯⋯你什麼時候會放下憤怒?⋯⋯心只懂得愛,總會放下憤怒⋯⋯繼續回到心裡,直到你釋放出所有憤怒⋯⋯一旦你放下了憤怒,你就從以頭腦為主的批判框架,轉變為以心為主的關愛。

下次當你和某個有關係的人發生衝突,試著運用這個有效的以心為主的視覺化練習(Bhat,1995 年),看看你能多快修復這段裂痕。

高敏感族的衝突解決方法

在本段落中，你將學習多種解決與他人衝突的方法。閱讀時，請記下你直覺上認為最能幫助你的技巧。開始實踐這些建議時，你會發現你的敏感度其實能幫助你建立更和諧的人際關係。

每週一次的調解計畫

許多學生透過一個我稱為「每週一次的調解計畫」──雙方同意在一週內不討論有爭議的話題──的方法成功改善了關係（澤夫，1999年）。當人們每天都在爭吵，關係會開始惡化。除非問題能立即解決，否則雙方應該選擇每週的某個具體時間來討論問題。選擇一個雙方都能放鬆且沒有時間壓力的時段，例如週末的下午。在一週內，你可以記錄下因對方感到困擾的事情。透過書寫情緒，你就不會壓抑自己的感受，也不會因為陷入每天的言語爭吵而使衝突升級。

討論有爭議的話題之前，雙方最好冥想或進行一些緩慢、深沉的呼吸練習。開始會議時，可以先告訴對方你欣賞他／她的地方。雙方應該同意用柔和的語氣說話，因為高敏感族容易受到大音量的刺激。在調解會議中，應該告訴對方你的感受，而不是列舉對方做的種種錯事，或批評他／她獨特的個性或做事方式。試著從對方的角度看待問題，並保持開放的態度以尋求妥協。如果問題仍然無法解決，你可能須要尋求輔導專家的協助。

暫停五秒鐘

在第三章，我們討論了「暫停五秒鐘」以減少激烈爭論的技巧（澤夫，1999 年）。雙方同意在回應彼此前先暫停五秒。你可能須要提醒對方，高敏感族需要更多時間來處理資訊。當雙方都同意在回應之前等待五秒，衝突就很難升級。

南希是一位三十多歲已婚的高敏感族，她告訴我，她和她非高敏感的丈夫瑞克似乎總是陷入激烈的爭論，最終兩人都互相指責。爭吵不斷升級，直到南希最後退回到她的房間，把自己鎖在門後，以擺脫過度刺激的互動。他們的關係已經惡化了好幾年，她也察覺到她的兩個小孩因為每天目睹這些衝突而受苦。

南希告訴我，剛開始時，瑞克對於在爭吵時等待五秒再回應並不感興趣。然而，他最終表示願意嘗試任何方法來減少家中的緊張氣氛。南希表示，當他們第一次嘗試這個技巧，他們意識到爭論是多麼無聊。經過一段時間的暫停練習後，他們甚至開始笑了。暫停的過程是個非常有效的工具，有助於維持和諧的關係，並且能讓高敏感族恢復平靜。

1% 道歉法

另一個我經常推薦用來緩解爭執的方法為「1% 道歉法」（澤夫，1999 年）。在每一次的衝突中，彼此總有不同的立場。即使你認為自己只須為問題負 1% 的責任，還是應該承擔自己的部分，爽快道歉。你

表達悔意是為對方的道歉留了一個台階。然而,即使你放下自尊後對方仍沒有道歉,你也已經透過敞開心胸、不責怪任何人並對自己的行為負責,為自己創造了心靈的平靜。

我記得有一次,一位非高敏感族的同事因為我遲到了五分鐘而對我大吼大叫。他長篇大論地訓斥我,強調守時的重要性,說我的遲到毀了他的實驗計畫。身為一位高敏感族,我對他的嚴厲指責感到非常受傷,並幻想自己再也不會讓這個人對我如此無禮。我當時決定不再與這位同事合作。

然而,第二天我決定為自己遲到幾分鐘道歉。我的同事立即為自己的過度反應道歉,並告訴我他那天過得很不好。如果我沒有為自己在衝突中所占的那一小部分責任道歉,我們的專業關係可能會結束,而且我們之間的緊張關係會進一步升級。

沉默是金,雄辯是銀

高敏感族在安靜的環境中會感到更平靜,所以應該減少花時間在無意義的對話上。面對他人時保持沉默也可以減少人際衝突的可能性。如同第一章提到的,練習沉默並非專為害羞或內向的高敏感族,而是針對那些偏向健談的人。過度的談話會對神經系統產生衝擊,特別是不斷表達意見或為自己辯護時。此外,過多的談話也可能消耗能量。因此要謹慎選擇言詞,避免過度刺激。

在團體中保持沉默非常有益。在大型團體中練習安靜,你會感到更平靜,因為你不須要不停表達意見、提出不必要的問題,或談論自

己。如果你在群體中本來就是內向的，那麼這項練習就不適合。不要以沉默為藉口來逃避人際互動，因為你最終的目標是創造平衡的生活。

　　艾莉森在有五個兄弟姐妹的大家庭中長大。她在一次課後跟我說，她非常害怕家庭聚會，因為那裡充滿了不斷的爭吵和噪音。她總是被捲入家人的爭論中，最後離開時感到精疲力竭和焦慮。我建議她在即將到來的感恩節晚宴中嘗試保持沉默。幾週後，艾莉森告訴我，那是她第一次在家庭聚會後感到平靜。她只是告訴家人她愛他們，但她正在嘗試少說話，於是沒有人再攻擊她，因為她沒有回應。艾莉森第一次在家庭聚會中感到真正的安全。起初，面對他人保持沉默可能會令人感到有些奇怪，但隨著你在這些安靜的時刻中體驗到更多的快樂，你就會想將這種練習融入到生活中更多方面。你甚至可以請家人和朋友提醒你保持沉默，以加強這種習慣。

🖋 高敏感族的自信表達訓練101

　　我們充滿侵略性的社會更重視非高敏感的行為，高敏感族必須學會設立界線並勇於表達自己。不幸的是，許多高敏感族較為害羞，對於表達自己的需求感到尷尬。你可能在成長過程中不斷被告知過度敏感是不對的，讓你選擇默默承受，或迴避困難的情況來控制環境。然而，壓抑自己的感受可能會導致挫折、孤立甚至憂鬱。學著從愛的立場練習表達自己，會對所有人際關係帶來正面的改變。對方可能並不知道他們的行為正在惹怒你。如果你等到飛機上的人踢了你座椅靠背半小時後，才要求他們停止這個惱人的行為，那麼你最終的反應可能

會過於激烈。

在請求他人改變行為前，與他們建立個人連結會有幫助。有些情況下，在提出請求前，先說明自己有高度敏感的神經系統也會對溝通有所幫助。

幾個月前，我不得不請求一位非高敏感的鄰居安靜一些。我住在一棟大門經常會砰然關上的大樓裡，這聲音非常大。我在開始對話前，先詢問他感恩節過得如何，還有他對聖誕節的計畫。接著，我解釋自己的神經系統高度敏感，所以對大聲的噪音非常敏感。然後，我請他在離開公寓時能否稍微輕輕地關門，這樣我會非常感激。最後，我感謝他的善意並詢問是否有任何我能幫忙他的地方。

在這個特別的情況下，鄰居答應了我的請求，讓我的生活平靜許多。然而，有時你可能會遇到沒那麼體諒的人，他們可能會對你要求輕輕關門感到不滿。此時你可能須要思考一些創意的解決方案，例如協助安裝裝置來防止門被用力關上。不過，如果對方的反應充滿敵意，你就可能須要改變生活方式，例如使用白噪音機，或是減少待在最嘈雜房間裡的時間。如果情況極端，而且你無法處理這種情況，考慮搬家也是個選擇。多年前，住在我家樓下的鄰居每天早上四點出門時都會猛力摔門，把我驚醒。在和這名租戶以及房東進行了許多無果的談判後，我最終的解決辦法是睡在客廳，並把臥室變成了辦公室。

有位高敏感族學生派翠西亞提到，有時候屈服於小小的、暫時的不便，比堅持自己的立場來得明智。派翠西亞有次在看電影時，前面的人開始說話。根據她過去的經驗，她了解到在電影中說話的人有時

對於被要求安靜的反應會很防備。哪怕是很溫和地提醒這些愛爭吵的人，她也有些害怕面對。因此，她決定先觀察情況，看聊天是否會減少。隨著對話聲逐漸減少，派翠西亞最後決定不再要求他們安靜。她提到，如果噪音變得難以忍受，她也可以換座位，或向經理投訴那些吵鬧的顧客。

以心為主的表達

如果想要提升表達需求的能力，可以考慮參加訓練自信表達的課程，與治療師討論這個問題，或者與朋友進行情境角色扮演。表達需求之前，試試以下的引導式想像練習。

> 慢慢深呼吸，想像將氣息吸入腹部，持續幾分鐘……將注意力集中在你的心上……想像你正向那個冒犯你的人表達你內心的需求……注意這個人其實並不知道他的行為對你的影響……如果這個人跟你有關係，想像自己告訴他，你擁有高敏感的神經系統……接著，禮貌地請對方改變他的行為……現在，清楚地觀察對方做出積極的改變……

從充滿愛且不加批判的角度表達自我，就有很大的機會在生活中實現正向的改變。

🖋 寬恕：通往內在平靜的鑰匙

許多大師說過，寬恕是身心健康的關鍵。如果一直受困於憤怒和指責，又怎麼能保持健康和快樂呢（Hay，1987年）？責怪別人時，你就成了受害者，而受害者無法在情感或身體上保持健康。露易絲・賀（Louise Hay）是《創造生命的奇蹟：影響五千萬人的自我療癒經典》（方智出版，2012年）一書的作者，她曾寫道，怨恨真的會侵蝕身體的細胞（1987年）。寬恕別人時，其實是在解放自己，並給予自己最寶貴的禮物——平靜和喜悅。對許多人來說，若深深相信「以牙還牙」的原始哲學，就難以寬恕他人。寬恕別人並不是認可他們的不當行為，而是讓自己自由。此外，每個人都在他們當時所擁有的知識範圍內，盡力做好了自己能做的。

有一位高敏感學生艾倫告訴我，她在丈夫與她離婚後非常沮喪，她的敏感使她長期陷入憂鬱和憤怒的情緒中。然而，持續了幾個月的每日特定寬恕練習後，她終於能夠放下對前夫的憤怒並感覺好多了。

當我們能夠對那些心靈受擾、想要傷害他人的人產生同理心，就會更容易寬恕他們。我注意到，有時人們無法寬恕，是因為他們不想放棄受虐的需求。有些高敏感族在童年時曾遭受羞辱，他們不願放下情感上的痛苦，因為他們已經習慣並依賴這種痛苦。請記住，當你失去平衡，你可能會渴望更多的情感痛苦，進而導致更多不和諧的關係。情感痛苦無法與喜悅共存，所以越是選擇練習像寬恕這樣的技巧，人際關係就會越有所改善。

🪶 療癒低自尊

如果你能減少生活中愛爭吵或不敏感的人,或許就不須要那麼頻繁地原諒他們。為了減少吸引這類人,並幫助自己更好地回應周遭的人,其中一個方法是提高自尊。露易絲・賀曾寫過,如果每天重複五百次「我完全愛自己並接納自己」,就能治癒自己的人際關係(1987年)。自卑感來自你認為自己不夠好這種信念,因此當肯定自己現在這個樣子是完美的,自尊就會提升。身為高敏感族,你常常被告知自己不夠好,只因你未能達到那個虛假的、非高敏感族的價值體系。就像錄音機會重播所錄下的內容一樣,你所想的每一個念頭和所說的話都在強化你的信念,並幫助你創造未來(Hay,1987年)。不斷肯定「我完全愛自己並接納自己」,你就將獲得自信,並改善與他人的關係。

多年前,我曾經嘗試過這個自我接納的肯定句。我每天照著鏡子,對自己說數百次「我完全愛自己並接納自己」。開車時,我也會微笑著對路過的人重複這句話。甚至在打籃球時,即便沒投中,我也會重複這個肯定句。僅僅幾週後,重複這個肯定句就改變了我的生活。我與他人的關係改善了,自信心增強了,也開始接受自己的敏感。

🪶 檢視你的想法

當高敏感族不斷與現實抗爭,試圖對抗這個非高敏感的世界,壓力和緊張感便油然而生。你是否注意到,感到不安時通常是因為你不

願意接受現實？《一念之轉》（暫譯。*Loving What Is*）一書的作者拜倫・凱蒂（Byron Katie）創造了一個簡單但有效的自我探究方法，能幫助建立和諧的人際關係（2002年）。她建議透過四個問題來檢視你對他人的判斷——這是真的嗎？我真的能確定這是真的嗎？當我相信某個對他人的負面想法（可能根本不是真的），我是如何反應的？如果我放下這個評斷性的信念，我會如何對待這個人？最後一步是將這個問題反轉，把讓你感到怨恨的那個人換成你自己。例如，「我先生應該理解我」變成「我應該理解我先生」。

透過這個過程，你可以了解到，你其實沒有遇見任何新的人，只是一次又一次在遇見同樣的故事。這一切都與「投射」有關，這是心理學上的一種現象，指的是將你自己的特質，不論是正面的還是負面的，投射到其他人身上。根據這種投射，當你愛自己，你會愛這個世界；當你恨自己，你會恨這個世界。當你覺得自己很好，你的人際關係就會改善；但當你的自尊心低落，你就會經歷更多的人際緊張。當你意識到無論別人如何批評你太過敏感其實都與你無關，將有助於提升你的自尊。其他人對你的看法其實與你毫無關係，因為這只是他們判斷的投射。同樣地，當你對某人感到不滿，通常與這個人本身的行為無關，更多的是反映出你的信念系統。

能夠承認自己擁有在別人身上看到的不喜歡的特質時，你就能放下判斷。一位五十多歲的高敏感學生潔西卡在課堂上分享，有位無情的非高敏感同事曾因她在工作專案上犯了一個錯誤而對她大吼。潔西卡說她對這位同事感到非常生氣，於是告訴所有同事這個人的惡劣行

為。她難以忘懷這位同事的行為,並對此產生了數千個憤怒的想法。當她開始檢視自己的想法和行為,潔西卡意識到,這位同事只對她發火過一次,而她自己卻對同事表現出數千次的憤怒。潔西卡震驚地發現,自己正在重複她最討厭的同事的那種敵對行為。

身為高敏感族,不要錯誤地預期非高敏感族會表現得很糟。例如,有次我在曼哈頓租了一輛車。我遇到的租車代理人看起來很不可靠。他用粗魯的語氣問別人:「你有信用卡嗎?」並抽著難聞的雪茄繼續說:「我不租給沒有信用卡的人。」他接著對另一位顧客大吼:「我不是告訴你要把車停在路上,不是在這個停車場裡嗎?」

我聽說過紐約的小型租車公司喜歡敲詐顧客,便相信這個業務會試圖非法多收我一天的租車費。在開車回曼哈頓的四個小時裡,我在腦中演繹了各種場景,想像該如何面對這個不誠實的業務。每經過一英里,我就越加氣憤,覺得這個業務竟然想要騙我的錢。當我把車開進停車場,我已經準備好戰鬥。然而,當我進入辦公室,那位叼著大雪茄、漠不關心的業務只是抬頭看著我,問我一切是否順利。他檢查了車子和里程,然後出乎我意料地說了聲「謝謝」,並把正確天數的收據遞給我。什麼?沒有戰鬥?我震驚地發現,原來是我自己編造了整個不真實的故事。在這次的租車交易中,只有我腦中出現的想法才是唯一的謊言(澤夫,2002 年)。也許我應該買一張貼紙,上面寫著「不要相信你的想法」。

儘管你的敏感神經系統可能會讓你對傷害性的言語過度反應,但真正延續這種挫折感的卻是你的想法。如果你覺得到處都是潛在的問

題,那麼你就像個在黑暗房間裡與自己影子作戰的人。但當你最終打開燈會發現,根本沒有人在那裡。你只是在與自己戰鬥而已。

成為你想法的見證者

如我們剛剛討論的,過度認同自己心中的想法會延續人際關係中的問題。如果能退一步觀察這些想法和情緒,而不立即做出反應,將會顯化更和諧的人際關係。當你發現自己不斷糾結於某人如何傷害了你,只須退一步觀察這個想法就好。注意到自我／心靈不斷對他人進行評判會導致你和對方都陷入情感的痛苦與衝突(Tolle,1999年)。別積極參與心中的衝突,問問自己接下來會出現什麼想法。當那個想法出現,僅僅詢問接下來的想法會是什麼。當你開始觀察這些想法飄過而不再緊抓著它們,你就會開始意識到自己超脫了心中閃過的這些負面想法。在當下觀察自己的想法,你就可以放下對過去的懊悔和對未來的擔憂(Tolle,1999年)。自我／心智需要衝突以生存,情感的痛苦需要燃料以繼續增長,而負面思想正是它所需的養分。然而,當你開始以深刻的覺察在當下聆聽負面的想法,這個痛苦的想法就會逐漸減弱並失去力量,因為你停止了透過認同這些想法來為心靈提供能量。當你專注於當下,這些負面想法便無法繼續發展下去(Tolle,1999年)。

保持專注於當下,情感的痛苦就會消散。珍妮絲是一位五十多歲的高敏感族,已經進行冥想多年。她在課堂中分享了一件她在兼職教學工作中發生的事,以及保持專注於當下如何幫助了她。珍妮絲的

校長告訴她,由於註冊人數增加,她必須在薪水不變的情況下教更多課。她感到無力和憤怒,因為校長似乎冥頑不靈。珍妮絲當時坐在辦公桌前,無意識地對她的處境感到焦慮,擔心如何履行她的財務責任。突然,她望向窗外,注意到明亮的黃色樹葉從一棵宏偉的橡樹上飄落,那是個清爽、明亮的秋日午後。珍妮絲凝視著夕陽餘暉透過窗戶灑進的溫暖光線。她閉上眼睛,開始感受身體的不同部位,並感覺到一股平靜的能量在她體內流動。當她的處境再次引發負面想法,她只是觀察這些關於過去或未來的消極想法,然後回到當下。珍妮絲接著睜開眼睛,享受窗外的自然美景。當她保持專注於當下,所有工作相關的情感痛苦就瞬間消散了。

雖然心智不斷製造對過去和未來的悲觀想法,但你內在的力量總能消解這些負面情緒,並體驗當下的喜悅。當你發現自己在思考與某人的痛苦互動,只須觀察你是處在過去還是未來。觀察自己放下對痛苦的抗拒以及依戀。注意到當專注於當下,痛苦就會消散,而你會感到平靜。記住,「現在」(now)倒過來拼就是「贏了」(won)。

主動聆聽可減輕痛苦

關係變得對立時,雙方經常都沒有真正聆聽對方的話。你可能不再傾聽,而是思考如何處理自己正在經歷的情緒痛苦。等待表達自己受傷的機會時,「冒犯」者所說的話,你可能一句也聽不進去。

主動聆聽對方時,衝突通常會消失。下次陷入爭論時,試著進行以下的實驗:在五分鐘內,全神貫注於正在交談的對方,不要插入自

己的意見或分享個人經驗。只須從內心關愛的角度，反映出對方所說的感受或內容。同時，傾聽言語背後更深層的需求，了解對方真正想要的是什麼。

如果把主動聆聽當作一種技巧，而不是真正關心對方所說的內容，對方可能會覺得虛假。我剛開始擔任家庭治療師時，曾機械式複述一位青少年個案在會談中所說的話。最終，這個男孩站起身離開並說，如果我再像鸚鵡一樣說話，他就不會再來了。然而，如果你真誠地傾聽並反映對方所說的話，爭論通常會結束，因為每個人都想被聽見。同樣地，請求對方深入傾聽你，也有助於你感到被認可。

觀察一下你有多常談論自己，而不是在對話中專注聆聽對方在說什麼。變得以自我為中心時，你可能會產生負面情緒，最終導致令人沮喪的人際關係。放縱負面情緒實際上會增加壓力荷爾蒙。然而，打從心底有興趣聆聽他人時，可能會分泌內啡肽，帶來內心的平靜。因此，花越多時間深入聆聽他人，就越會改善彼此間的關係，你的身心也會感到更舒暢。

身為高敏感族，受到傷害時，仔細聆聽他人可能並不容易。然而，保持冷靜和專注而不是立即反應，將會更容易解決衝突。如果打斷對方或以批判的方式回應，只會使爭執的互動升級。下一次在爭論中感到受傷時，停下來，透過幾次緩慢的深呼吸以重新集中精神。處於冷靜且專注的狀態下時，將更能準備好進行主動聆聽，而不是流於反應性的爭吵。

當你微笑，世界也會報以笑容

身為高敏感族，你的敏感度可能會使你在關係中過於認真。如果雙方都對著彼此微笑，就不可能繼續爭論。保持幽默會讓你感到更快樂。微笑時會釋放讓人感到平靜的腦內啡（Bhat，1995 年）。諾曼・卡曾斯（Norman Cousins）相信幽默擁有治癒的力量。多年前，他透過笑聲治癒了一場災難性的疾病。他會參與一些幽默的活動，比如租借有趣的馬克思兄弟＊（Marx Brothers）電影，讓自己大聲笑出來（1983 年）。你真的可以用笑聲讓自己恢復健康。

有趣的是，笑到流淚時，會分泌一種叫做 d-溶菌酶的酶。研究表明，這種酶實際上可以增強免疫系統（Bhat，1995 年）。在微笑的所有階段，肛門括約肌都會收縮和放鬆。然而皺眉時，內部肛門括約肌會變得非常緊，這是交感神經興奮的信號，實際上這也會導致便秘。也許有一天，笑聲會被當作終極瀉藥來銷售。

擁有幽默感不僅僅是講笑話，還包括對體驗平和與喜悅的開放態度。通常，缺乏幽默感與對世界的僵化觀點有關。孩子們每天微笑和大笑四百次，而成年人則只有十五次或更少（Bhat，1995 年）。皺眉須要動用七十五塊肌肉，而微笑只須十五塊肌肉。重拾童年的快樂可能相對輕鬆。

當我變得過於嚴肅，我會反思生活的荒謬之處。每當我因為要趕

＊ 註：馬克思兄弟，美國知名喜劇演員，共五人。

上這本關於如何創造內心平和的書籍截稿日而感到不堪負荷，我都會露出燦爛的笑容，結果我經常都會笑出聲來，感嘆其中的諷刺。笑聲是一種妙藥，可以幫助你宏觀地看待問題。你生活中有哪些荒唐的矛盾，可以讓你開懷大笑？

我兒子年紀還小的時候，我們之間有很多緊張和衝突，所以我經常打扮成一個邋遢的小丑，發出奇怪的聲音，逗得我們倆都哈哈大笑。你可以參與以下活動來培養你的幽默感：租借有趣的電影、去圖書館或書店尋找幽默書籍、與你的伴侶一同嬉鬧、對著鏡子做鬼臉、和孩子們玩愚蠢的遊戲。別忘了多多微笑。

能夠對自己的敏感度一笑置之，對高敏感族也是有益的。你聽過某位高敏感人的故事嗎？他加入了軍隊，拯救了整個連隊，免於敵人的自殺攻擊。當吵鬧的炸彈開始爆炸，他立即帶領全隊撤退到安全地帶，並獲得了英勇勳章。

療癒世界，療癒你自己

身為高敏感族最美好的事情，就是擁有對受苦眾人的同理心。然而，不斷糾結於他人如何傷害了你的感受，只會讓情況變得更糟。你可以透過對他人展現善意與同理心，轉化那些揮之不去的負面情緒。如果你行善助人，就能利用你天生的敏感特質，不僅療癒自己，還能療癒這個世界。為需要者提供服務，能在你的心中及整個世界點燃愛的火花。你可以透過以下幾種方式，運用慈悲心來超越人際衝突：為年長的鄰居準備一頓飯；自願在無家可歸者的收容所裡幫忙；陪孤獨

的小孩玩遊戲；探訪療養院的病人；為伴侶或室友做家務；對忙碌的店員說一句善意的話；讓另一輛車的駕駛先行。今天你還能做哪些善舉呢？

行善助人時，你不僅激勵了他人，還超越了自我中心的負面情緒。業力法則指出，無論你釋放出什麼樣的能量，都會回到你身上。當你因敏感而陷於人際問題中，可能會感到沮喪；但幫助他人、行善時，體內釋放的腦內啡會讓你感到愉快。當你向陌生人伸出援手，對方可能就是你尚未遇見的潛在朋友。

最近在一次社區餐聚中，我與幾位朋友坐在一張桌子上，愉快地聊著天。忽然，眼角瞥見一位全身包著繃帶、衣著邋遢的男子正四處尋找座位。我仔細一看，發現他下巴上包著的繃帶滲出黃色膿液與血漬。我本能地希望他不要坐在我旁邊的空位，所以我故意轉過頭，希望他能坐在別的地方。果然，他最後獨自坐在我後面的桌子上。當談話稍有停頓，我再次注意到這名孤獨且憂傷的男子正低頭吃著飯。

我實在無法再忽視這位可憐的男子，於是轉身向他介紹自己。突然，他那滿是疤痕的臉上露出了燦爛的笑容，我邀請他加入我們後，他告訴我自己患有癌症，病情已經擴散到身體的不同部位，而下巴上的腫瘤正在流膿。他還說，由於身體的殘疾，大家最近都在避開他，因此他猶豫是否應該參加這次的社區聚會。然而，這位病重的男子、我的朋友們和我，最終都因為這次有意義的交流而獲得心靈上的鼓舞。

身為一名高敏感族，有時你可能須要克服內心避免刺激的天性，來幫助那些須要幫助的人。高敏感族經常能夠在緊急情況下洞悉所需

行動，所以你或許偶爾得承受一些個人的情感創傷，以促進人類的福祉。例如，安是一位高敏感人，她在看到血時會暈倒，且容易因為暴力場面感到心神不寧。某天她在開車時目睹了一場可怕的車禍，當下她把車停在路邊，面臨做決定的緊要關頭。安意識到，目睹這場創傷性事件將對她產生不利影響。然而，作為一個富有同情心的人，她認為即使會經歷一些負面情緒，也必須幫助那些受傷的人。

當安穿越馬路，她注意到兩輛車都嚴重受損。她幫助安撫了站在車外哭泣的焦慮駕駛。另一位駕駛被困在車內，尖叫著說她的背很痛，而且她無法動彈。安發現自己意外地擔任了緊急醫療技術員的角色。安溫柔地握著受傷女子的手，與她交談，試圖緩解她的恐慌，直到救護車趕到。儘管這段經歷讓安深感震撼，但停下來幫助事故受害者讓她感到一種深深的滿足感。

專注於為全人類服務時，幾乎不可能一直糾結於別人如何傷害了你的感受。《萊恩的願井》（張老師文化，2007年）是關於一位名叫萊恩·赫傑克（Ryan Hreljac）的加拿大高敏感族男孩的故事。幾年前，他還是小學一年級生時，得知了成千上萬的非洲兒童每年因飲用受汙染的水而死亡，這讓他非常難過。由於他的敏感、同情心和堅強的意志力，這個六歲的小男孩獨自籌集了足夠的資金在非洲建立水井。由於他的努力，許多兒童得以免於飲用受汙染的水。

我最近收到一封鼓舞人心的電子郵件，正是來自萊恩：

泰德你好：

嗨，是我，萊恩，還有我的媽媽蘇珊！我想感謝你從加州寄來的電子郵件。我在 2004 年有很多計畫。我承諾會繼續努力籌集資金，為乾淨的水源貢獻一分力量。也許，如果每個人一起努力，有一天世界將實現和平，人人都能有乾淨的水源！再次感謝！我希望我的夢想成真，也希望你的夢想成真！

再次感謝你的來信，記住你可以做到任何事，只要你真的非常努力，並且真心想要實現它！

萊恩和蘇珊（打字員／媽媽）赫傑克 敬上

像萊恩一樣，你可以選擇運用你的敏感來幫助減輕人類的痛苦，或者也可以選擇將你的敏感專注於你內心的傷痛。

為你的人際關係賦予靈性

與他人建立靈性的連結時，你的人際關係可以變得更加和諧。與其浪費寶貴的時間在爭執敏感的差異，不如考慮一些能夠為所有人帶來歡樂且振奮人心的活動。與你的伴侶、家人和朋友一起進行提升靈性的自然漫步。一同走在公園的小徑上時，欣賞藍鳥輕巧地落在盛開的山茱萸樹枝上，或觀察松鼠在綠油油草地上跳躍穿梭的美景。在這寧靜的環境中，當你凝視同伴的雙眼，內心會感到平靜，而你們的靈魂將在此融為一體，進入一種神聖而和平的狀態。

你也可以每天花一些時間與家人朋友一起進行靈性的修行。這些靈性的方法包括冥想、祈禱、閱讀一本啟發人心的書籍，或觀看一部振奮人心的電影。當你與所愛之人共同靈修，靈魂的連結會更加深厚，讓你更容易超越瑣碎的性情差異。

共同參與愉快活動的伴侶較少發生爭執。高敏感族在平靜、自然的環境中會感到怡然自得，所以安排海邊、河流、山脈或森林的外出活動對他們非常有益。然而，當高敏感族參與過度刺激的活動，如在嘈雜的大型餐廳用餐，靈性的連結可能會受到抑制。因此，計劃活動時，與非高敏感族的家人和朋友達成妥協很重要。雖然偶爾讓自己置身於刺激的環境中一小段時間是可以的，但不要超過自己的承受限度來迎合非高敏感族的家人和朋友。

我們都是暫時住在人體的靈魂，是來學習某些課題的。當你從靈魂層面與他人相處，而不是從短暫的性格層面相處，人際關係就會改善。即使是在最不敏感和粗俗的人內心，也隱藏著一朵等待綻放的愛之蓮花。當你傳遞善意來滋養他人身上的神聖特質，高階意識的花朵就會在你所有的人際關係中綻放。

面對較不敏感的人時，慈悲心非常重要。你不希望成為一個「冷漠的」敏感人。雖然非高敏感族對噪音、強烈的氣味和明亮光線的容忍度較高，但當他們受到過度刺激，也會感到緊張。

排外心理（Xenophobia）會在我們內心引發戰爭，甚至引發更大規模的國際戰爭。然而，越常練習與他人有一體感，評斷就會減少，與每個人的靈性連結就會加強。如果不小心用手指戳

到自己的眼睛，你會同時安撫你的手指和眼睛，而不會責怪手指（Amritaswarupananda，1989年）。同樣地，體驗到自己與所有有感知的生物之間的神聖連結，你就會想要像幫助自己一樣，隨時幫助他人。

你也可以與寵物建立靈性的連結。許多研究已證實寵物對人類的療癒作用（Becker，2002年）。例如，養老院中患有憂鬱症的患者在接受狗的探訪後反應十分正面，因為他們感受到了動物無條件的愛。一隻充滿愛與關懷的寵物，正是大多數敏感族對抗競爭激烈的非敏感世界壓力所需要的解藥。

我的一位學生珍告訴我，十年前她被診斷出患有癌症，並被告知只有五個月的壽命。根據她的描述，當她感到痛苦，狗狗們會靠近她，輕輕依偎在她身邊。她感覺到在某種微妙的層面上，狗狗們實際上吸收了她的痛苦。她認為，是她從愛犬那裡得到的無條件的愛與忠誠，讓她能夠活到今天。

越老越睿智

在我們這個「灰姑娘」社會中，大多數人被教導相信，只有和完美的靈魂伴侶幸福生活在一起才能感到滿足。儘管許多婚姻以離婚告終，或經常充滿不快樂，大部分人仍堅信自己的幸福完全依賴於擁有一段充滿愛與親密的伴侶關係。然而，隨著學習生命的課題，我們可以開始向內尋求內在的平靜。

和諧的關係並不是自然而然發生的，而是須要付出大量的努力。有時候，無論嘗試什麼方法來改善人際關係，結果都不如預期。然

而,一旦專注於改變自己,關係就會改善。提升自尊並變得更加平和後,生活中就會減少吸引來愛爭吵的人,而是會吸引更多有愛的人。

　　有一位偉大的靈性導師採用了「和平朝聖者」這個名字,以象徵她的人生使命。她在年長時,獨自步行穿越北美長達三十年以宣揚和平。在這段時間裡,她從未遭受過騷擾(和平朝聖者,1994年)。當有人問她為什麼沒有人打擾她,她回答說,她會以最深的愛看待每個人,因為她相信每個人內在都有善良的本質。我想和平朝聖者會同意,決定關係和諧的最重要因素,是內心的平靜與愛。

創造和諧的關係

- 每天與伴侶、家人和朋友一起安靜地度過一些時光。
- 關係中的雙方可以同意每週只討論一次衝突。你可以在整週中寫下對對方的不滿,並保留任何衝突的討論到指定的時間進行。
- 雙方同意在爭執時先停頓五秒鐘後再回應。
- 為自己的行為負責。與其指責他人,不如為自己在爭執中的部分(即使只有1%。)道歉。
- 探索你對他人抱有的負面想法,看看它們是否真的屬實。你的大腦可能會編造負面的故事來確認你的信念系統,導致關係中的緊張局勢。
- 練習活在當下。

- 對熟悉的人感到不滿時，試著將意識集中在你的心上，想像和這個人之間的正面經歷，直到能夠釋放負面情緒。
- 使用積極聆聽的技巧。
- 練習寬恕他人以及自己。
- 成為自己對他人任何負面想法的見證者。只須問自己接下來的想法是什麼，並單純觀察這些想法的出現和消失。
- 保持幽默感。多微笑。
- 與其默默地生氣，不如學會以善良的方式表達自己。
- 與朋友和家人一起計劃一些積極的活動，例如花時間在大自然中一起冥想，享受創意活動。
- 將同理心專注於幫助家人、朋友和社會。
- 意識到與所有生物間的聯繫，特別是與寵物、大自然以及與神聖力量的連結。

7

建立平和的工作環境

本章節中,你將了解如何減輕工作壓力,以及如何打造一個輕鬆的工作環境。對於高敏感族來說,承受時間壓力、在不近人情的老闆底下工作,或是與難以相處的同事共事,是極具挑戰性的任務。在我調查的高敏感族之中,有超過 95% 的受訪者表示,工作壓力影響了他們的身體或情緒健康。

工作壓力:公眾與個人的代價

在 2003 年 11 月 10 日的一次採訪中,美國壓力研究所所長保羅・羅施(Paul Rosch)博士表示,每天都有一百萬美國勞工因壓力而缺勤。工作壓力估計每年在美國為企業造成高達三千億美元的損失,這

些損失來自缺勤、工傷和疾病!

你盡責的特質以及對履行工作義務的渴望,可能會讓你陷入瘋狂的多工處理狀態,為了完成艱鉅的任務,最終導致情感與身體的倦怠。即使在壓力較小的情況下,你謹慎不想犯錯的心態也可能會產生壓力。對高敏感族來說,感覺無法達到非高敏感族或 A 型性格工作標準時就會引發挫折感、焦慮和自卑感。

如果你與支持性的團隊合作,或許會改善某些高壓的工作狀況。工作滿意度與正面的社會互動之間有關聯性(達賴喇嘛,2003 年)。在工作中「喪失自我感」(Depersonalization)是造成壓力與不滿意工作的主因之一。有時,我們更經常傳電子郵件給隔壁辦公室的同事,而不是站起來與他們面對面交流,缺乏真正的人際接觸,會加劇職場上的疏離感。

從事覺得有意義的工作時,就會提升工作滿意度。例如,如果你能理解自己的工作如何造福人類,你可能會對這分職業更有熱忱。

在物質主義社會中,即便是高敏感族也可能接受這樣的觀念——只要賺取更多的金錢,即使付出身體、情感和精神代價也是值得的。就算基本需求得到了滿足,你可能仍會驅使自己賺取更多錢,認為外在的報酬能帶來內心的快樂。然而研究顯示,只要基本需求得到滿足,收入增加與生活的快樂程度並無關聯(達賴喇嘛,2003 年)。

高敏感族需要大量的休息時間,可能難以承受每週四十小時的工作。不幸的是,許多美國的工作都要求員工加班。大多數美國人每年工作時間比法國人和德國人多出好幾週。鑒於這種失衡的美國工作倫

理，高敏感族必須創造出自己獨特的工作時間表，否則就會陷入超載的工作狀況中。

面對工作的態度

態度是影響工作滿意度的重要因素。以全球化視角來看待工作時，你可能會對你的職業產生新的體會。在開發中國家，甚至是美國國內的勞工，每天可能會工作超過十個小時，但他們獲得的薪水卻只有你的一小部分。許多失業的人搶破頭想進入你所從事的領域。突然之間，那分「無聊」的工作可能就感覺有趣多了。

如果對工作不滿意，試著深入了解你不滿的原因。是因為不尊重人的老闆提出不合理的要求？還是同事們的態度無禮？或是你的挫折感來自於內在模式，對生活的許多方面都感到不滿？我們通常會將自身的信念和態度帶到工作場所，在工作上反映出我們的生活。心智總認為別處的草地比較綠，而自我則靠衝突來維持其獨立的身分。

我的父親是我認識少數真正熱愛自己工作的人之一。他在擔任社區社工時，管理猶太非營利機構事宜超過五十年。他在八十多歲時仍以顧問身分繼續工作，並指導社工專業的學生。他的熱情和積極態度是他工作滿意度高的兩個重要因素。當然，他天生也是個積極熱情的人，而且他還將這樣的態度帶到工作中。還有一個促使他熱愛工作的原因是，他真心相信自己在幫助那些有需要的人，如長者、移民以及有身心困擾者。他在歐洲從事重建猶太社區的任務，該社區在大屠殺

中幾乎被摧毀，而他從這項工作中感受到了特別的意義。

即使是繁瑣枯燥的工作，培養出積極的態度並與支持你的人一起工作時，就會變得有意義且有趣。德瑞克是一位二十多歲的單身男子，他在一間倉庫工作，負責將醫療設備運送到亞洲國家。他發現自己獨自分類醫療用品時非常無聊，甚至在第一週就想辭職。然而，在第二週，他被安排與一位熱情洋溢的同事一起工作，這位同事指出，每一台設備都能幫助治癒一位病人。他們一同聽著氣氛歡快的音樂，另一位同事還開起了玩笑。德瑞克的態度因此完全改變，他開始非常享受自己的工作，甚至在某些情況下自願加班。

雖然對於非高敏感族來說，較容易應對繁重的工作責任，但只要培養出接納與順應的特質，工作起來都會更加輕鬆。在第二章中，我敘述了一位每天處理郵件時都感到不堪負荷的郵政員工，而一間大企業的 CEO 卻表示他的工作壓力一點也不大。這位 CEO 不會在意某項任務是否未完成。一位高敏感學生告訴我，如果她感覺自己在工作中犯了錯誤，就會感到極度不安，甚至為了這個可能的錯誤煎熬好幾個小時。在與她合作了幾週後，她漸漸意識到，自己所能做的就是盡力而為。最終，她放下了必須完美完成所有任務的念頭。

在我擔任職能復健顧問為受傷工人服務的期間，通常在第一次面談中，我就能判斷哪些個案能成功康復並重返工作崗位。那些責怪雇主並抱怨保險公司的人，往往會為他們的康復計劃設下障礙。相反，對職業康復持有積極態度並接受自己局限的個案，通常都能順利找到新的、滿意的工作。

越是有意願克服工作中的困難，越有可能擁有積極的工作體驗。例如，努力改善與同事的關係時，你的工作滿意度就會提高。然而，如果投入了大量精力去改善職場困境，但情況依然沒有改變，則隨時可以選擇離職。你永遠不會真正被困住。

少賺一點，但更快樂

選擇一分要求較少的工作，即便薪水較低，但能給你更多自由去追求令人愉悅且平靜的活動會提升你的幸福感（達賴喇嘛，2003年）。臨終時，沒有人會後悔自己花在賺錢上的時間不夠多。最終，離開這個世界時，唯一能帶走的只有我們彼此之間所分享的愛。

物質慾望會造成惡性循環。人們賺的錢越多，越會覺得自己需要更多錢。員工在工作中獲得的自我滿足越多，對地位的渴望就越強烈。即使住在昂貴、有空調的房子裡，有人仍然會選擇自殺（Amritaswarupananda，1989）。我們真正需要的是將心冷靜下來，思考自己為什麼會持續做一分高壓的工作，損害身體、情感和精神健康。

如果讓工作占據了整個人生，最終離職或退休時，就無法避免情感上的創傷。最好的做法是過上平衡的生活，留出時間給令人滿足的社交生活和工作之外的有趣活動。

對於高敏感族來說，每個人能承受的工作壓力和刺激的差異很大。你必須在無聊的工作與壓力過大的工作之間取得平衡。我認識一些尋求高刺激的非高敏感族，他們在高薪、高壓的工作中如魚得水。對他們來說，迎接工作上的挑戰，就如同足球員在與強敵對戰時達陣

得分一樣,能帶來腎上腺素的刺激。然而,對於高敏感族來說,同樣的工作環境可能會引發嚴重的焦慮。

有時,你可能會覺得工作情況非常棘手。事實上,對新的可能性敞開心胸時,工作情況多會改善。我的一位學生康妮是一位四十多歲的單身高刺激追求者,也是高敏感族。她在一間小公司擔任行政助理。不幸的是,她的老闆不斷增加她的工作量,最終使她每週工作六天,從早上八點到晚上七點,每天還要通勤一個小時。由於持續的工作壓力,她開始出現焦慮和腸胃問題。

康妮覺得她需要那分薪水來支付高額的房貸,而且家附近找不到其他高薪工作。她告訴我,她是在拖車裡長大的,一直夢想住在美麗的房子裡,因此她不願意搬家。我建議她研究一下是否能在家附近找到另一分高薪工作。經過幾週的鼓勵後,她告訴我,她真的找到了一分離家近的工作,每週只須工作四十小時,薪水幾乎和之前每週六十多個小時的工作差不多。

如何減輕工作壓力

有許多具體的方法可以協助你打造更平和的工作環境。請參考本章節中的建議,選擇與你的工作場所密切相關的部分,並嘗試將以下的一些點子融入工作環境中。

你可以聆聽平靜舒緩的背景音樂,以減少或消除工作中的環境噪音。許多高敏感族告訴我,他們經常在工作時戴著耳機聽音樂,有些

人則選擇戴上耳塞。試著懸掛一些自然景觀圖片，如山水或海景等激勵人心的圖片，或者擺放家庭照片。如果你是在日光燈照射或人工城市環境下工作，凝視大自然的圖像可以舒緩神經。同時，也可以在辦公室擺放花卉和植物。神經系統會因為吸入花朵的細緻芬芳或欣賞精緻的花束而感到平靜。你可以帶上一些家人和朋友的照片，讓自己被愛包圍。確保你在工作日整天都能坐在一把舒適的椅子上，讓肌肉保持放鬆。你還可以購買按摩椅墊，透過電動按摩儀舒緩一整天緊張的情緒。

如同第三章中提到的，試著將工作中的電話鈴聲改為放鬆的提示音。首先，盡可能調低音量。將鈴聲視為放鬆肌肉的提醒，進行緩慢而深長的呼吸，並重複像「平靜」這樣的心靈咒語。如果可能，等到第三或第四聲鈴響再接電話。利用這短暫的時間，讓自己徹底放鬆（參見 Hanh，1991 年）。

建立每日工作計畫以減少刺激是個不錯的主意，避免每天早晨時間一到就立刻投入繁忙的工作。剛抵達工作場所時，可以花幾分鐘時間讓自己集中注意力，例如進行冥想或是緩慢的腹式深呼吸。查看當天的工作計畫，根據你的敏感度，為要完成的任務設定務實可行的期望。嘗試在行事曆中安排放鬆的休息時間，並記得在工作場所練習漸進性肌肉放鬆。

正如我們所見，高敏感族盡心盡責以及容易感到時間壓力等特質，確實會加劇本身的壓力。如果感到當天的工作要求過於繁重，試著減輕工作負擔，或與主管討論。要實事求是，不要勉強自己超越極

限而造成額外的壓力。

我學會了在工作和個人生活中拒絕額外的請求。雖然有時在說「不」的時候會感到內疚，但對我來說，如果不這麼做會增加焦慮，因為我總覺得自己須要堅守所有承諾。然而，如果我感到精力充沛且有餘裕，我經常會自發性地自願去投入原本不想投入的領域。這種自發性協助他人的方式，似乎很適合高敏感族的性格特質，因為它運用了同理心的特質，而不會因未來的承諾感到勉強。

高敏感族容易受到他人情緒的影響，因此與他人在時間壓力下共事時，寫作、交談、打字都可能會變得更快，這反而會加劇緊張情緒。你可以在桌上放一張紙條提醒自己放慢腳步，而不是被同事緊張的情緒帶著走。你也可以提醒同事，A型員工之所以成功，是「撇開」他們有時間緊迫、競爭激烈和好鬥的行為，而不是「因為」這些特質。然後，停下來想想緩步前行的烏龜是如何打敗了急躁的兔子。

芳香療法是一種可以在工作中創造平靜的有效方法，就是使用蒸汽吸入精油。某些精油的香氣分子已證實對減壓和放鬆有效（Worwood，1997年）。例如有研究顯示，當檸檬精油香氣散布在辦公室內，敲打鍵盤錯誤的次數減少了超過50%（Worwood，1997年）。

如果整天都坐在辦公室工作，定時站起來走動或拉伸非常重要。第二章中提到的行走冥想是個有效的休息方式。你也可以在坐著的時候做一些伸展運動。試著每小時進行幾分鐘的漸進式放鬆，想像身體的肌肉越來越放鬆，並配合緩慢而深長的呼吸。我曾經認識一位在醫

療辦公室忙碌工作的學生，她告訴我她整天都沒有時間休息。不過，她嘗試在桌前坐著時做漸進式放鬆後發現，這對減壓很有效。

如果你的工作場所會接待客戶或顧客，可以放一些讓人心情愉快的雜誌來營造和平的氛圍。此外，提供舒緩的花草茶和水果等健康的小點心，也是創造寧靜工作環境的有效方法。

有些進步的大公司設有健身中心和冥想室供員工使用。你可以與主管討論是否能設立一個冥想室，並指出如果員工可以在工作日中抽空到寧靜的空間冥想，將會提高工作效率。對於在刺激性環境中工作的高敏感族來說，有一個安靜、光線柔和的房間是極大的福音。

為了增進工作場所的和諧，你可以建議主管設立意見箱（澤夫，1999 年）。高敏感族可能有很多不滿卻不好意思提出改變要求，匿名意見箱對他們非常有幫助。意見箱也可以給非高敏感族的員工機會，表達他們對特定議題的看法。

患有失眠的高敏感族通常會覺得每天一大早上班是件壓力很大的事。你可以詢問雇主是否可以晚一點抵達辦公室，取而代之是縮短午休時間或較晚下班。有一位學生告訴我，當他不須要每天一大清早去上班，他入睡的困難就減少了。他會告訴自己，隔天早晨總能多睡一點，所以入睡需要多點時間也無所謂。

然而，如果你喜歡一大早去上班，這對高敏感族來說也可能是件好事，因為可以在干擾較少的情況下平靜地開始一天的工作。當其他員工陸續到達，你已經平靜地開始了工作。這樣一來，你或許可以在交通尖峰時間以前早早回家，甚至有機會在下班後小睡一下或去公園

散步。你也可以和老闆商量在家中完成部分工作,這對高敏感族來說是理想的選擇。越來越多人已經開始部分或全職在家工作,這可以大大減少高敏感族的過度刺激。

請記住,影響工作滿意度最重要的因素之一,就是擁有良好的職場人際關係。當你放鬆,就能正面地影響職場上的人際關係。如果你感到焦慮,緊張情緒就會蔓延到同事之間。但是,當你定期進行冥想休息並使用其他放鬆方法來創造內心平靜,你的同事們也會變得更加平靜。當你保持幽默感並經常微笑,在工作中的快樂和喜悅感受也會增加。

低自尊與工作壓力

有些人無法離開讓他們感到有龐大壓力的工作,因為他們深信這是自己所應得。有些高敏感族在童年時期被誤導認為自己有缺陷,所以可能無意間在工作上重現了功能失調的家庭。有時,低自尊的高敏感族甚至會在虐待性的工作環境中感到「舒適」。

瑪莉亞是一位年近五十的高敏感單身女性,她在一家大型企業擔任經理長達二十五年。她告訴我,她的敏感特質讓她經歷了痛苦且備受虐待的童年。她還提到自己的工作環境宛如「人間地獄」,因為她的上司非常無禮且缺乏體諒別人的同理心。除了飽受焦慮和憂鬱之苦,工作壓力也引發了她的心臟疾病。她的醫生表示,這可能與壓力有關。然而,瑪莉亞卻堅決不願離職,因為她害怕失去優渥的退休金。

我告訴瑪莉亞,如果她繼續在壓力如此巨大的環境中工作,她可

能根本無法活到享受退休金的時候。開始心理諮商後,瑪莉亞終於明白自己為什麼會習慣在虐待性的環境中工作,於是她開始改變自己的生活。最終,瑪莉亞辭去了工作,轉而在一所社區大學擔任教職。雖然她的薪水和退休金相對較少,但健康狀況卻得到了改善。

如果你想換工作,現實中確實有數百種有趣且低壓的工作可供選擇。當我們對新的、富有創意的解決方案保持開放態度,生活中就有很多機會等待著我們。

如何跟合不來的同事相處

許多高敏感族都曾向我傾訴,在工作中處理吵鬧的同事對他們來說有多麼困難。莫妮卡是一位三十出頭的單身女性,她在一家政府機構工作。她表示,工作中的噪音使她無法專心於自己的職責。她在一間小辦公室工作,與她共事的另一位女同事經常打電話,以高亢刺耳的聲音向朋友訴說自己的私人問題。莫妮卡每天早上都害怕去上班,幾乎每天都帶著緊張性頭痛下班。雖然莫妮卡感到非常憤怒,但她害怕如果要求同事安靜,彼此之間早已緊繃的關係會更惡化。

我們一起探討了許多方法來改善這種令莫妮卡難以忍受的工作環境。比如,她可以戴上耳機或耳塞、更換位子、與主管討論這個問題,或者申請轉調到其他部門。我提醒莫妮卡,這位同事可能根本沒有意識到自己的講話聲會打擾到她。然而,同事或許能微妙地察覺到莫妮卡的憤怒,這可能會讓解決問題變得更加複雜。我建議莫妮卡可以試著與同事建立友誼(對高敏感族來說,若被某人的噪音困擾,通常

會立刻將對方視為敵人,這也是造成高敏感人噪音問題的一大原因)。

接著,我告訴莫妮卡,一旦她與同事建立起良好的關係,就可以告訴她(或寫紙條告知),自己有非常敏感的神經系統,導致一般的聲音聽起來特別響亮。莫妮卡須要強調這是她自己的問題,而不是責怪這位同事。然後她可以提出一些解決問題的建議,例如請對方在某個雙方約定好的時間討論私人事務。莫妮卡可以在這些時間內做好準備、休息、吃午餐,或是進行一些可以戴耳機完成的工作。

她也可以禮貌地請同事降低講話音量,或在打私人電話時使用另一支電話。最後,莫妮卡應提前對自己可能給同事帶來的困擾表示歉意,並告訴對方自己非常感激她願意提供幫助。事實上,如果莫妮卡不是高敏感族,這位同事可能完全不須要做任何改變,因為許多非高敏感族對這類惱人的噪音要不是能夠忍受,就是根本不會注意到。如果這位同事願意接受任何建議,莫妮卡可以送上一束鮮花和感謝卡,來表達對她幫助的感激之情。最後,莫妮卡寫了一張紙條給她的同事,並找到了一個折衷的辦法。從此以後,這位同事只有在午餐時間才會打私人電話。

創造一分無壓力的新工作

學生經常告訴我,他們對自己的工作感到不滿,想要探索新的領域。追求新的職業目標時,我會建議務實一些。如果你現在的工作薪資不錯,那麼貿然辭職可能並不明智。首先,列出你可轉移技能的

清單,並分析這些技能如何應用到其他職業領域。其次,我建議可以先開始在想要投入的領域中擔任志工。志工服務是獲得經驗的絕佳途徑,未來有機會轉為有薪資的工作。還有一個選擇是,先以兼職的方式在新的領域工作,看看這分工作是否有可能發展成為有利可圖的全職工作。

探索新的工作

踏入新的職業領域之前,請先進行勞動市場調查。聯絡至少十位從事你有興趣領域的人,詢問該領域目前的招募狀況、薪資以及資格要求,同時了解工作的身心需求。花一些時間觀察新的工作環境。作為高敏感族,務必務實地評估這分工作是否適合敏感的人。特別注意工作中的刺激程度、壓力和工作時數。高敏感族通常處理資訊較慢,所以請充分利用時間進行勞動市場調查,不要被過多的資訊淹沒,也不要匆促做出決定。

從事一分能與你的氣質和興趣相匹配的工作非常重要。你可以找一位職涯顧問,幫助你了解各種職業選擇,並且考慮參加興趣測驗或其他職業測驗,以判斷對各種專業的能力和興趣。伊蓮・艾倫在她的著作《高敏感族自在心法》中的其中一章〈在工作中茁壯成長〉,提供了許多幫助高敏感族尋找合適職業的建議,並且在該書的最後有提供精彩的建議總結給敏感員工的雇主們(1996 年)。如果你不確定有哪些工作可供選擇,也可以在網路上搜尋工作機會。

每位高敏感人都是獨一無二的。一位尋求高刺激的高敏感人可

能會享受在工作中的適度刺激,而另一位高敏感人卻可能無法忍受同樣的工作。我的一位學生在辦公大樓做夜間保全,她表示這樣的工作環境安靜且令人放鬆。然而,另一位學生則表示她害怕做保全工作,擔心有人會試圖闖入大樓。她還提到下班後馬上入睡對她來說也很困難。許多高敏感族在從事工作時間不固定或是輪夜班(晚上十一點到早上七點)的工作時,會感到很困難。

為自己工作

對於不想在老闆壓力下工作的高敏感族來說,自雇是一個不錯的選項。根據伊蓮‧艾倫的說法:「自雇對高敏感族來說是合乎邏輯的道路。你可以掌控工時、工作環境、接觸的人群,也不必面對麻煩的主管或同事。」然而,她也提醒須要注意不要過度追求完美,以及不要把自己逼得太緊。此外,你須要願意做出困難的決策,並小心不要過於孤立自己。如果你是獨自工作,那麼定期與同業見面交流獲得支持很重要。內向的高敏感族在自雇時,可能也會面臨市場行銷方面的挑戰。

開始自雇工作之前,全盤了解新職業目標的可行性非常重要。盡量選擇不須要全天候工作的領域。確定你計畫提供的產品或服務在你所在的地區是否有需求。接著,你可以製作一分調查,確定有多少人或企業提供相同的產品或服務。了解競爭者的收費標準,並詳細制定所有業務方面的財務計畫,包括定價、營運成本、市場行銷和薪資。然後,你須要決定如何推廣你的產品或服務,並了解所有必要的稅務

和執照要求。最後，確定完成工作各方面所需的時間。考量到現實中許多新創企業會失敗，我建議你與專門協助自雇人士的職業顧問會面，分析你的創業計畫是否有成功的可能性。

我在一家私人公司擔任職能復健顧問時時薪是五十美元，但我只能拿到八美元，其餘四十二美元都歸公司。我記得每個月底都要拚命爭取更多時數來達到配額，以保住福利。當公司因預算削減解雇了大部分顧問後，我決定創辦自己的職能復健公司。在這種情況下，我居家辦公，工作時數減半，但收入是我當員工時的三倍。儘管並非所有自雇都能有如此正面的結果，但如果你選對領域，可能會發現自己在更輕鬆且收益更豐厚的環境中工作。

創造愉快且放鬆的工作環境

- 試著培養對工作的正面態度，透過建立愉快的社交互動、幫助他人以及對工作保持熱情來達到這個目標。
- 可以聽一些令人平靜的背景音樂，並維持適當的空氣流通與溫度。
- 多看看自然景色的照片，並在工作場所放置花卉或植物。
- 準備一些果汁、花草茶、健康的零食，以及一些讓人心情愉快的雜誌或文章供自己、客戶或員工隨時取用。
- 坐在舒適的椅子上。如果你整天都須要久坐工作，記得定時做些伸展運動並適時走動一下。

- 一整天中可以做一些緩慢的腹式呼吸練習，並安排短暫的冥想休息時間。
- 當你保持平靜，周圍的同事也會感到放鬆，進而營造出和諧的人際關係。別忘了經常微笑。
- 嘗試探索改變工作時間表的方法，例如晚一點開始工作、在家工作或減少工作時間。
- 每天早晨制定一分每日工作計畫，開啟無壓力的一天。
- 採用本章節中應對難相處同事的建議。
- 如果你從事的是無法調整的高壓工作，請審視自己的信念和價值觀，了解為何你會繼續在困難的情況中工作。
- 尋找與你的高敏感特質相契合的新工作機會。

8

撫慰高敏感的靈魂

身為高敏感族最棒的特質之一,就是天生具備能夠深刻感受靈性經驗的能力。在第一章中,我們討論到高敏感族更常處於 θ 腦波狀態,因此更容易感受到直覺,並深入捕捉到微妙的能量(Robertson,2003年)。擁有靈性健康有助於應對生活中的挑戰,並保持樂觀。一項研究顯示,靈性取向有助於避免末期病患在生命的最後幾個月陷入絕望(Rosenfeld,2003年)。對靈性的關注是決定一個人如何面對死亡的關鍵因素之一。拓展我們天生與靈性相契合的能力,還可以緩和重大困難所帶來的創傷,例如身體疾病或失去摯愛的親人。

隨著你進一步培養靈性,就越能提升處理日常過度刺激的能力。我們當中有些人可能因為早期不愉快的宗教經驗而抗拒追求靈性道路。你可以嘗試從無條件的愛、大自然的美麗,或者更高層次的力量

來理解靈性。或許你更願意從基督、佛陀、穆罕默德、克里希納等特定宗教的人物,或是亞伯拉罕和摩西等先知的身上找到靈性共鳴。我認識一位不可知論者,他思考了宇宙的浩瀚與秩序後,便承認生命中確實存在著某種神祕。我年輕時曾經也是不可知論者,記得我的信念曾被一段話挑戰過,那是在我心理學入門課桌子上刻的:「上帝已死」-尼采;「尼采已死」-上帝。

回歸根本,所有宗教都倡導同一件事情——去愛神聖的更高力量,對他人以及自己充滿慈悲。如果你把所有靈性導師放在同一個房間,他們會對一切達成共識;但如果你把所有門徒放在一起,他們將對什麼都無法達成共識。我們越能從內在的神聖存在中得到安慰,就更能夠應對生活中的挑戰。神不離不棄、永不動搖的愛,在我們經歷壓力時為我們帶來慰藉。雖然大多數人都在不斷尋求來自他人的愛和認同,即使全世界的人都愛我們,我們所獲得的快樂也無法與神聖之愛所帶來的無窮盡喜悅相比(Amritaswarupananda,1989 年)。

對於高敏感族來說,開始新的靈修實踐時,務必要務實且謹慎。要緩慢前進,以免神經系統因過多的能量而不堪負荷。即便是正面的經驗,如深刻的靈性體驗、結婚或開始新工作,對於高敏感族來說都可能是過度刺激的。因此,即使在這些令人歡欣鼓舞的時刻,你仍然須要採用許多應對壓力的技巧,例如遵循日常作息、漸進式放鬆,以及服用必要的草藥或補充品。

我的靈修老師阿瑪(Ammachi)經常吸引大批的追隨者,因此我須要提前規劃如何應對參加她的聚會所帶來的刺激。我會盡量在群眾

較少的時候參加活動,並在白天找到安靜的地方休息,讓自己能夠靜坐。雖然活動通常會持續到深夜,但我通常會提前離開,因為我在缺乏睡眠的情況下無法正常活動。我也給自己充足的時間,在晚上從人群中的刺激中放鬆下來。不過,只要我做好了準備,我便能夠忍受與如此受歡迎的靈性導師及眾多追隨者共處的刺激,並擁有正面而神祕的靈性經驗。

理解帶來內在平靜

了解人性的本質後,你可能會在生活中獲得更多的平靜。很少人愛他人勝過愛自己,且大多數人的行動都是出於利己的動機(Amritaswarupananda,1989年)。一位高敏感族曾告訴我,她過去對於別人不顧及她的感受感到相當沮喪。如果朋友不打電話給她,她就會感到受傷。然而,當她意識到人性的本質後,她開始接受有些人不會主動保持聯絡的事實。放下「人們應該以某種方式行事」這種執著後,就會體驗到更多的內心平靜。因此,了解這個世界的本質,就能從自己的內在本質出發,而不會一直對別人的情緒和不斷變化的情境過度反應。

雖然有些人可能釋出無條件的愛,但許多人對你好是因為他們想要從你那裡得到什麼。注意那些想要你購買產品的銷售人員有多禮貌。如果他們知道你沒有購買的意圖,這個人還會以如此親切的態度對你嗎?通常,那個曾說會愛你一輩子的人,當你不滿足他的需求,

他也會離開你。人類自私自利的愛本質上是有條件的。然而,真正的聖人如基督、佛陀或德蕾莎修女所體現的神聖之愛,則是無條件的。

有個故事是這樣說的:有一隻翅膀受傷的鳥兒想要渡河,而狐狸開著船來,告訴這隻受傷的鳥兒可以帶牠過河。鳥兒起初對跟狐狸同搭一條船感到猶豫,但狐狸說服鳥兒牠的意圖良善,一點也不想傷害牠。然而,當鳥兒上了船,狐狸卻攻擊了牠。因為捕獵鳥類是狐狸的天性,狐狸根本無法抵擋這種誘惑。同樣地,當你了解了人類自利的本質,身為敏感的人,你就不會因為發現某些自私的人無法以同理心對待他人而感到如此失望。

暫時性的敏感神經系統

身為敏感的靈魂,你很容易因為生活中小小的不適而感到困擾,忘記了今天看起來如此重要的事,在下個月或明年可能根本就不再重要。只要深刻了解你的靈魂在這一世短暫的旅程很快就會過去,你就不會再陷入自己的身體如此敏感的錯覺中。波斯詩人魯米在他的一首詩中寫下了一行優美的句子,完美詮釋了身體的短暫性:「你在你的身體裡,就像植物紮根在土壤中」(巴克斯,1999年)。

一位高敏感人芭芭拉曾經跟我分享她在少女時期經歷的一次頓悟。這次體悟進一步幫助她面對自己的敏感特質,因為她能夠理解自己存在的虛幻性。芭芭拉告訴我,她九歲時的某一天,正站在那陡峭、布滿常春藤的前院草坪上時,突然間,她感覺眼前的房子並不是

真正的家，也突然意識到她的父母不是她真正的爸爸媽媽，只不過是在短暫幾年間照顧她的人。芭芭拉的內心感受到她來自另一個充滿和平與和諧的地方。隨後，她突然完全與周圍的一切、所有人斷開了連結，感受到幸福的浪潮在身體中流動。過了一會兒，芭芭拉的意識慢慢回到了身體。當這位年幼而困惑的女孩試圖向她的母親解釋這段經歷，她的母親只是把芭芭拉深刻的靈性轉變當作是一場頭暈。然而，芭芭拉卻一直將這段充滿智慧的經歷藏在心中。

許多人相信，我們在這個短暫世界中所見的事物看似真實，但實際上只是一種幻象，因為真正的（永恆的）事物是無法被摧毀的。當我們離開身體，我們的家庭、家園和銀行帳戶都會消失，但我們所分享的愛與靈性的共鳴卻會永存。當我們死去，靈魂不會是黑色或白色、穆斯林或猶太人、男性或女性、敏感或不敏感的。體驗到那連結所有生靈的神聖能量流動時，我們藏在暫時性人格面具背後的短暫差異將變得不那麼重要。

超然與耐心

對高敏感族來說，在過度刺激下保持超然是件困難的事。然而，你越練習耐心，微小的干擾就越無法惹惱你。有個故事是這樣說的：某位古魯在他的靜修院中有位極其惱人的弟子。某一天，這個弟子激怒了所有人，也快把高敏感族逼瘋了，於是他離開了靜修院。古魯追在這位無禮的弟子後頭，甚至願意付錢請他回來，目的是要讓靜修院

內的信徒能夠學習超然與耐心的靈性課題。同樣地，你越能像看電影一般，平靜地看著生命中的各種戲碼在你周圍上演，就如同注視著黑暗與光明不斷變化的投影，內心的寧靜就會不斷增加。

根據印度靈性導師阿瑪琪的教導：「我們應該像棲息在乾枯樹枝上的鳥兒一樣。就算牠停在樹枝上時或許會啄食樹上的果實，但卻總是保持警覺，隨時準備展翅飛翔，因為牠知道這根枯枝可能隨時會斷裂。同樣地，這個世界和其上的物質也如同一根乾枯的樹枝，無法給我們恆久的支持。活在這個世界上，我們必須像這隻鳥兒一樣，時刻保持警覺與超然。如此，我們才能翱翔至靈性幸福的高處。我們隨時都可能離開這具身體，因此應時刻察覺我們的真實本性」（Amritaswarupananda，1989年）。當我們意識到自己是無限的靈魂，而非短暫的高敏感者，就能打開心胸，體驗到更多的喜悅。

隨著在靈性方面成長，你會超脫暫時的挑戰，而成長可透過冥想、祈禱、閱讀靈性書籍、花時間待在安靜的自然環境中、持誦心咒，以及與其他靈性追尋者和導師共處來實現。當你不斷無私付出、幫助他人，你就會更少關注自己的問題，並在服務人類的同時實現靈性成長。最後，你也可以透過聖方濟的〈寧靜禱文〉來增加耐心與超然之心：「主啊，請賜我寧靜，去接受我無法改變的事；請賜我勇氣，去改變我能改變的事；請賜我智慧，以分辨二者的不同。」

懷抱感恩的心能讓靈魂飛翔

在靈性成長的道路上，培養感恩的心是最重要的特質之一。在第五章中，我建議你在睡前寫下生活中所感激的一切。專注於生活中的正面事物時，你就會以正向的心情進入睡眠，而不是帶著擔憂度過整晚。這也是每天都可以進行的絕佳練習，能夠促進你的靈性成長。

我最近收到一封匿名且鼓舞人心的電子郵件：

> 如果你今天早上醒來時比生病時更健康，那麼你比這個星球上這週無法存活的一百萬人還要幸運。
>
> 如果你能夠參加宗教聚會而不必擔心被騷擾、逮捕、拷問或死亡，那麼你比全世界三十億人還要蒙受祝福。
>
> 如果你的冰箱裡有食物、身上有衣服、頭上有屋頂遮風避雨，而且有個可以睡覺的地方，那麼你比全世界75%的人還要富有。
>
> 如果你在銀行裡有存款、錢包裡有錢，還有一些零錢放在某個地方，那麼你已經屬於全世界最富有的8%人口之一。
>
> 如果你能牽著某人的手、擁抱甚至輕輕碰觸別人的肩膀，那麼你是被祝福的，因為你可以帶來療癒的觸摸。
>
> 如果你能閱讀這封電子郵件，那麼你比全世界超過二十億無法閱讀的人還要幸運。

你對生活中有哪些事物心懷感恩呢？寫下你感激的事物。試著每天早晨進行這個練習，看看你的一天會如何變得更加愉快。

表達讚賞之情

有時候，高敏感族容易專注於他人所引起的小煩惱。你越是能夠專注於他人的優點，就會越快樂。運用你內心深刻的慈悲心去寬恕他人，並透過愛與善意的行動來打開你的心扉吧。當我抱怨某人的行為，我感到自己的能量在快速地下降。我有一位朋友亞當，他總是提醒我不要說任何人的壞話。我發現，在我與這位朋友相處之後，比起之前發表一些貶低他人的言論時，我的感覺好多了。你是否有一位朋友或家人能提醒你不要對他人發表任何負面言論呢？

有個動人的故事流傳甚廣：一位老師要求她班上的學生寫下班上其他每位同學的一個優點。當她整理好這分清單並交給學生，每個學生都驚訝地發現原來其他同學如此喜歡自己。多年後，其中一位學生在越南戰爭中身亡，他的母親將在兒子錢包中發現的一張破舊紙條展示給老師看，上面有著多年前班上同學寫給他的優點。事實上，其他許多學生也在這位男孩的葬禮上告訴當年的老師，他們都保留著那張珍貴的讚美清單。這個故事見證了愛與善意的力量，並說明了每個人都渴望以自己原本的樣子被愛與接納。

身為高敏感族，你可能比他人更強烈地經歷負面情緒，如恐懼、憤怒、仇恨和嫉妒，但你也可以比多數非高敏感族更深刻地感受到愛。愛是最強大的情感，所以你可以輕鬆地取用無限神聖愛的力量，

來治癒你的關係。當你透過內在深厚的愛去寬恕他人，和平就會如同清新的雨後彩虹般浮現。

精神導師和平朝聖者是一位年長的女士，她曾獨自徒步穿越北美約三十年，宣揚內心與外在的和平，她堅信所有人都天生善良。她經常興奮地說：「人們不是很美好嗎？」她曾講述一個故事：有一位女性嫉妒她，並不斷試圖傷害她。然而，面對她每一次的侮辱，和平朝聖者都以充滿愛與善意的行動來回應，最終在如此真摯的愛中，那位女性心軟了，並成為她的朋友（Peace Pilgrim，1982 年）。你擁有無限的同情心，也能夠深入發掘那些最不敏感的人隱藏的優點，用愛戰勝仇恨。

赤子之心

許多靈性導師都強調，擁有一顆赤子之心才能在靈性上成長。身為成人，我們常常只專注於心智，讓自我（ego）評判每個人和每件事。這種自我／心智會阻擋我們展現與生俱來的純真赤子之心。在不斷追求認可、滿足自我的過程中，會失去對神聖的開放性。學會歸零（Zero），你就是英雄（Hero）（Amritaswarupananda，1989 年）。

孩子們自然而然地會對生活保持開放的態度。只要觀察就會發現，互不相識的孩子們能多麼甜蜜且輕鬆地開始一起玩耍，沒有任何預設的自我評斷。我想分享一封代表孩子們純真之心的信（澤夫，2002 年），這是我幾年前在一場靈性聚會擔任輔導員時收到的一封來信，寄信者是一個小男孩。

嗨！泰德：

　　學校很好，我最喜歡的科目是數學。我有幾個私人問題，不知道是否可以問你？我想知道死亡是什麼感覺，因為我有點害怕。

　　我想知道我是否還有機會再見到我的祖母？她在兩年前去世了，每當我想到她，我就會難過，因為我很想念她，希望再次見到她。

　　我死後可不可以和上帝在一起，成為天堂裡的天使？或是回來當個小男孩的守護天使？也許我能成為一位守護天使，這樣我就可以幫助那些跟我一樣感到害怕的小男孩。

　　除了上帝以外，我可以想要其他的東西嗎？像是成為有名的足球員，或者想要我在商店裡看到的一些東西，這樣是可以的嗎？

　　你的好友

達里爾敬上

這位男孩的純真和自然流露打動了我，我嘗試以真誠的心來回覆他的信。

親愛的達里爾：

　　我也害怕死亡，因為我不知道那究竟會是什麼感覺。然

而,我的爸爸在兩個月前過世了,我在一次深度冥想中感受到他在離開身體後似乎充滿了喜悅。我也和許多人談過,他們也有類似的經驗,感覺到他們的親人非常快樂。所以,儘管死亡令人害怕,但我所經歷和閱讀到的偉大聖人的教導都說,當靈魂離開身體,它會很幸福。這有點像擁有一輛已經不太好用的舊車,所以我們須要換一台新車一樣。

我也很想念我的爸爸,這是你親近的人離世時自然的反應。儘管你可能無法再見到你的祖母,但她或許依然能在另一邊守護你,像守護天使一樣。我相信我們會再「見」到我們所愛的人,但可能是以不同的形式。

也許你有一天也會成為守護天使。重要的是對人要仁慈、充滿愛心,這樣你就會成為許多現在在地球上的小男孩的守護天使。

當然,想成為有名的足球員或者想要商店裡的東西都是可以的。然而,記住一切都來自神聖,並且要感謝上帝給予你的所有禮物。我經常看到一些著名的運動員會感謝上帝賜予他們的才華。順帶一提,如果上帝不希望你享受商店裡的美好事物,祂也不會創造它們。盡情享受一切,活在當下,不用擔心,要快樂。上帝非常愛你,你的家人、朋友和我也是如此。

泰德上

當你還是個天真又敏感的孩子，你的脆弱可能讓你認為自己有什麼問題，特別是當有人告訴你，你「太敏感」了、你這樣很糟糕。傑伊是一位四十多歲的高敏感男子，他告訴我，他在六年級時遇到一位善良的老師，幫助他了解擁有敏感特質並不代表他很糟糕。他的家人、同儕和其他老師曾告訴他，他內向和敏感的行為令人厭惡，尤其他還是個男孩子。不幸的是，他相信了這些謊言，並認為自己是個糟糕的人。

六年級的某一天，這位老師在放學後叫他留下來，因為她注意到他在下課時間總是獨自一人在操場上徘徊。傑伊告訴老師，他比較喜歡溫和的遊戲，而男孩們只想踢橄欖球，所以其他男孩不願意和他玩。當他和女孩們一起玩跳格子或彈珠，其他孩子就會取笑他，他只好獨自在操場上走來走去。老師告訴他，他的敏感正是他的特別之處，而且他是如此善良，將來一定能幫助很多人。她還說，其他孩子取笑他溫柔的天性是錯的。

當老師告訴傑伊他是一個好人，他並不同意，並說這不是真的，因為他的父母、兄弟和其他孩子都說他的敏感和害羞令人厭惡。這位有愛心的老師在接下來的學年裡，經常在全班面前讚美傑伊，告訴他身為敏感的人是一件多美好的事。傑伊在分享這段感人故事時，眼眶濕潤，回憶起當時就只有這位老師告訴他，是敏感幫助他成為了有價值的人。就像傑伊的老師一樣，你也可以成為不快樂、高敏感孩子的明燈，讚美並欣賞他們溫柔甜美的天性。

形而上的觀點

　　針灸治療的理念，認為身體的健康與能量流動密切相關，身體的通路須要保持暢通，能量才不會阻塞。研究表明，人體有七大脈輪，或稱為七個能量中心（Myss，1996年）。高敏感族身體上半部的能量中心通常是啟動的，而下半部的能量中心可能是閉合的。當高敏感族僅依賴頭頂（頂輪）、眉心輪（第三眼）以及喉輪這上面三個能量中心來生活，他們會不斷吸收他人的能量。如果位於腹部、脊椎底部和脊椎底部稍下方的能量中心是閉合的，那麼高敏感族有可能無法靜心。透過開啟下方的能量中心，高敏感族將能更加穩定，讓能量在全身順暢流動。這種平衡的能量流動將幫助你應對外界刺激。第二章中提到的中心冥想對於幫助靜心特別有益。你也可以在下方的能量中心塗抹如芝麻油這類較沉靜（具靜心作用的）的油，或是食用熟的根莖類蔬菜，這些都能幫助你感到更加穩定。

　　一些高敏感族表示，他們在源自佛教或印度教的東方哲學信仰中找到了慰藉。從這個角度來看，人們在生活中經歷的任何痛苦都是因為在今生或前世積累的負面業力。生活中的所有正面事件都來自今生或前世積累的功德。從這樣的觀點看待你的處境，你可能會認為自己在前世是一個不敏感的人，並且由於所積累的業力，導致你必須在這一生中體驗敏感的神經系統。從西方的角度來看，許多高敏感族意識到他們的善行將帶來好的結果，因此獲得了安慰。我們總能透過行善、祈禱和冥想來減輕業力的影響。雖然有時我們可能會因為敏感給

生活帶來的許多挑戰感到絕望，但這些所謂的障礙也可以成為我們更親近神的機會。

冥想、自然、靈性

許多靈性導師都教導說，成為人類的目的，在於讓我們個體的靈魂擴展進入到神無限的愛與光中。透過冥想和花時間親近大自然，高敏感族能夠輕易體驗到在內部能量流動的神聖光輝。本書中已經討論了冥想的好處。透過內在的沉思與反省，可以進一步培養天生的靈性能力並平靜神經系統。我曾觀察到許多高敏感學生在我引導他們進行冥想後，經歷了驚人的靈性轉變。他們或許帶著焦慮來到課堂，但即使只是短暫的冥想後，高敏感族往往能輕鬆進入平靜與幸福的狀態。

即使你對噪音和紛亂的思緒敏感，可能會在冥想時分心，但你仍然可以將這個練習融入日常生活，並從中獲得許多好處。你永遠不知道何時會獲得深刻的靈性體驗。有時，即使在分心的冥想中，我也會在剎那間感受到極大的喜悅。

定期進行冥想將能夠體驗到靈魂與神聖的連結，而日常生活中的敏感挑戰將顯得微不足道。即使沒有深刻的靈性體驗，冥想依然能夠讓意識在頃刻間暫時離開地球表面，深入靈性的世界。

花時間親近大自然也可以喚醒天生的靈性特質。當置身於大自然的寧靜中，高度敏感的神經系統將能深層放鬆。在城市環境中，我們很容易感到目眩神迷，認為堵在高速公路的車陣中、吸入有害的汙染物、聽到汽車喇叭聲是自然的事情。然而，當身處田園詩般的鄉間，

你會更深刻感受到自己與神聖的連結。

身為一個高敏感人，你有能力感受更多的喜悅，並深刻欣賞美麗，因此花時間處在旖旎的自然風光中，就能瞬間進入寧靜的狀態。當觀察到大自然的和諧，靈魂會自然地向上提升到接近神聖的狀態。此外，意識到大自然的無私特質時，你也會悄然受到啟發。例如，一棵蘋果樹無私地將它所有的果實奉獻給他人，甚至在被砍伐時也不為自己留下任何東西（Amritaswarupananda，1989 年）。

你不會真正地死去

提到死亡，有時可能會讓一些高敏感族感到害怕。我們當中的許多人一生都在試著控制過多的刺激，因此可能會擔心，離開這個敏感的身體後會發生什麼事？離開身體後，會不會被過度的刺激打擾？好消息是，另一邊的世界並沒有「時間」的概念，所以不必擔心時間壓力，而且我不認為天堂裡會有任何惱人的手機。認真來說，我認為敏感挑戰在離開身體後不太可能繼續存在。

對死亡的恐懼也可能源於覺得死亡將會摧毀你所擁有的一切，包括所有你依附的事物和執著的東西。這種執著帶來了痛苦。如果能放下所有執著，死亡就不再可怕（Amritaswarupananda，1989 年）。從輪迴的角度來看，對於靈性追求者來說，變老和接近死亡是一種雙贏的局面，因為你將更接近獲得嶄新的、健康的身體，或者將永遠與神的愛合而為一。

大多數人花費大量的時間和金錢，試著透過節食、購買時尚的衣

服、請美髮師染髮，或加入昂貴的健身俱樂部來讓自己看起來更有吸引力。然而我覺得，當意識到即使做了這些美化身體、強化自我的努力，身體最終只會在短短幾年內被埋葬或變成一堆灰燼後，意識將會實現一次靈性的量子飛躍（澤夫，2002年）。有時候，我們不聽從內心的指引，反而相信非高敏感族的價值觀，犧牲情感和身體健康以賺取金錢、地位和名聲。我看過一張汽車保險桿貼紙上寫著：「死時玩具最多的是贏家。」然而，擁有最多玩具的人最後仍然是死了，並且可能將他們所製造的業力帶到下一世。

當我們只認同自己的身體形式，就容易對它的毀滅感到恐懼。然而，當感覺到內在的本質會持續存在，恐懼就會減少。短短一百年內，拚命保護自己敏感身體的人都將從地球上消失。然而，冥想真正本質將繼續存在的這個想法時，內心的深沉平靜便會油然而生。

當我們在課堂上討論到死亡的恐懼，艾倫告訴我，他有次在太平洋游泳時差一點溺水而亡。他說，一股強大的離岸流將他帶到了外海，他漸漸失去了漂浮在水上的力氣，拚命掙扎著喘氣。巨大的浪一波接一波地將他壓入水中，他認為自己的死亡已經迫在眉睫。班上的同學們對此感到驚訝，因為艾倫在描述這段危機時竟然開始大笑，他意識到當時對他來說是非常嚴重的問題，現在已經變得不再重要。最終，艾倫在最後一刻獲救了，但隨著時間的推移，他虛幻的煩惱又慢慢回到了他的意識中。

儘管我們可能在理智上理解並相信靈魂在死後會繼續存在，但是當朋友和親人去世，我們仍自然地會感受到情感上的痛苦。一位高敏

感朋友告訴我，當她得知母親去世的消息，她的神經系統確實陷入了震驚狀態。高敏感族的哀傷往往更深刻，所以你可以預料到自己會比非高敏感族的朋友哭得更傷心。在這些創傷時刻，你會非常須要運用本書中討論過的所有平靜技巧來撫平傷痛。

我想和你分享，身為一個高敏感的男人，我如何利用我的同情心、敏感和與生俱來的靈性力量來應對幾年前父親的離世。當我聽到父親即將去世的消息，我立刻來到了療養院，在他的房間擺放了美麗的鮮花、播放他最愛的古典音樂協奏曲，以及朗讀他喜愛詩集中的詩句。我輕柔地為臥床的父親裹上一條祖母在他小時候編織的紫色、藍色和洋紅色的毛毯。儘管我內心悲傷，但我從父親離開身體的美好方式中獲得了安慰。他躺在充滿花香、陽光明媚的房間裡，聆聽著宏偉的奏鳴曲，有家人和朋友圍繞在他的身邊，訴說著他們有多愛他。

父親的情況穩定了幾天，但大部分時間都在睡覺。雖然他陷入了沉睡，我仍感覺到在某種微妙的層面上，他的靈魂能聽到我為他朗讀他這一輩子珍愛的、振奮人心的詩歌。我開始朗讀埃德娜・聖文森特・米萊（Edna St. Vincent Millay）的詩《我的蠟燭兩頭燃燒》（暫譯。*My Candle Burns At Both Ends*）：「我的蠟燭兩頭燃燒，天亮之前就要熄滅⋯⋯」突然，我聽到爸爸微弱地低聲念出詩的後半段．「天亮之前就要熄滅，可是啊，我的敵人，哦，我的朋友，燭光閃爍多麼可愛！」（Sullivan，1978 年）。當我想著爸爸可能撐不過今晚，我心中充滿感激，因為他一生都像這樣散發著如此美麗的光芒。

身體微弱的光芒或許會熄滅，但我祈禱他的靈魂能與永恆的神聖

光芒融合。那晚我疲憊地回到家，立刻陷入深沉的睡眠。不過，幾個小時後，我突然醒來，左腿感到一陣劇烈的疼痛。在他生命的最後幾週裡，爸爸經常抱怨左腿幾近壞疽的傷口帶來的劇痛。那一刻，我的腿痛得幾乎難以忍受，但痛楚只持續了片刻。疼痛消失後，我感覺自己漂浮在半空中，被一片深邃的藍銀色光芒吸引著。那是我見過最難以形容的美麗景象。同時，一種深深的自由與喜悅包圍著我的全身。過了一會兒，在極樂的狀態中，我意識到爸爸一定是在剛才離開了他的身體。我再次陷入沉睡，當我侄子在凌晨打電話告訴我爸爸在凌晨十二點三十分去世，我發現那正是我經歷這場靈魂旅程的時刻。

你來到這個世界時什麼也沒有帶來；你離開這個世界時，唯一陪伴你的，是你無私行為的功德與你所分享的愛（Amritaswarupananda，1989 年）。隨著你的靈性成長，並保持對這個世界暫時性的覺察，你的敏感會成為一種喜悅，你將能夠將愛與慈悲傳遞給所有眾生，並幫助減輕人類的痛苦。只要你專注於流經你體內的光明神聖能量，實踐這本書中的應對技巧，並愛護、接納你的高敏感特質，你將在餘生甚至永恆中，體驗到喜悅與寧靜。

9

回覆高敏感族的常見問題

本章節包含了來自高敏感族的提問,並附上直截了當的回覆。我挑選了可以幫助你實踐本書中建議的問題。即使有些問題不完全符合你的處境,你依然可以透過本章節的範例學習如何做出正向的改變。本段落的格式與本書其他部分有所不同,因為它僅包含問題與答案。不過,我建議你將想要在生活中實踐的答案記錄下來。

問:我已經在紐約這間舒適的公寓獨自居住了二十三年。去年,樓上搬來了一些極度缺乏敏感度的人。他們播放大聲的音樂直到深夜,我耳中甚至還能感受到低音的震動。除了放音樂,他們還整夜將地板踩得咚咚響,像是一群大象在樓上奔跑。我曾經請這些粗魯的鄰居調低音樂音量,並且輕聲走路,但那名男子對我破口大罵,然後在我面前

摔上門。我非常害怕這個人會攻擊我。公寓管理員說,這些粗魯的鄰居反倒指責我,說音樂並不吵,其他鄰居也沒有抱怨。我不敢報警,因為對方威脅我說,如果我再去打擾他,他會讓我後悔。我因為睡眠不足,在工作上也很難集中精神。這些惡劣的鄰居整晚不讓我睡,我的健康開始惡化,感覺自己快要崩潰了。請不要建議我搬家,因為我住的是租金制的公寓,無法負擔其他地方的租金。我也不打算離開紐約。我該怎麼辦?

答:身為一個高敏感人,我非常能夠理解你的處境。對於敏感的人來說,生活在公寓裡確實很不容易。你可以試著與這些缺乏敏感度的鄰居建立友好關係,請公寓管理員或警察介入,或者對你的居住環境進行一些調整。如果所有的嘗試都無法解決問題,你須要問問自己,為了留在這裡,讓你的身心健康逐漸惡化是否值得?你永遠有選擇,並不會被困住。

我建議你尋找專業的輔導員,協助處理這個無法忍受的情況。如果你無法負擔私人治療師的費用,每個社區都有提供低成本輔導的診所。你也許應該研究一下,是否真的只能住在紐約,是否真的找不到你負擔得起的其他公寓,或者你是否真的須要獨居。你可以思考一下,為什麼你會堅持這些信念,以及如果放棄它們,你會有什麼感覺。儘管我總是不喜歡放棄自己安全舒適的空間,但我學到的是,當我願意打開心扉接受變化,總會有另一個舒適的家在等著我。

問:我快被我的室友逼瘋了。她每晚都在我已經入睡時才回來,然後

開始在廚房裡發出乒乒乓乓的聲響。我的房間就在廚房旁邊，我已經告訴她，她在深夜煮東西會吵醒我。她說她已經盡量小聲了，但她認為我的敏感在限制她的生活方式。我也無法忍受廚房裡的氣味飄進我的房間，還有從門縫滲進來的強光。

答：我不確定你是如何陷入這樣困難的同居情況，但顯然這對你來說並不適合。身為高敏感族，在選擇室友時必須格外謹慎，並仔細檢查未來的住處是否有潛在的噪音、氣味和光線問題。高敏感族真的需要一個安靜、黑暗且無異味的房間。你可以嘗試與室友找出一個折衷方案，例如她可以提早做飯，而你隔天早上幫忙洗碗，或者考慮和她換房間。你也可以考慮為房間做隔音、遮光或隔絕氣味的處理。如果妥協無法奏效，你可能須要考慮換室友或搬家。建議你列一張清單，列出讓你在家中感到舒適所需的一切，並在搬進新家之前，仔細確保每一項需求都能得到滿足。

問：我的鄰居總是把他那台醜陋的小貨車停在我家前面的街道上，當我坐在客廳的沙發上往外看，這景象總是讓我覺得很礙眼。我已經多次好聲好氣地請他把車停在距離我家窗戶約三公尺遠的地方，但他拒絕了。他還告訴我，這條路不是我家開的。我該怎麼辦？

答：如果你已經友善地請求過鄰居，但他仍然拒絕，那麼你可能須要了解為什麼他不願意把車停離你客廳窗戶遠一點的地方。或許他覺得你的要求太多，或許對你有其他不滿。或許他就只是一個粗魯、缺乏敏感度的人。不過，你可以試著以鄰居的身分和他建立友好關係，或

許能改變現狀。

如果他還是拒絕移車，你可能須要接受這個情況，因為最終，我們無法改變別人，只能改變自己。有人侵犯你的空間時，可能會激起你的憤怒，或許這讓你回想起童年時期，感到無助且空間受侵犯的情景。檢視這些情緒的來源，有助於你解決內心的衝突。在實際層面上，你可以考慮在窗戶旁種一株漂亮的大型開花灌木，來遮擋不美觀的景象，或者將沙發面向自然美景的照片。你還可以購買兩層窗簾，並拉上下層窗簾，以避免看到這台令人不快的貨車，但保持上層窗簾打開，讓光線照進房間。我不建議透過阻擋停車空間或報警來升級衝突，因為對於高敏感族來說，你最不想擔心的就是惹怒鄰居，導致他們進行報復。

問：我有一個非常吵鬧的鄰居，我們之前因為他拒絕將音樂調小聲而鬧得非常不愉快。大樓管理員迫使他把音樂調小聲之後，他搬到了同一棟大樓的另一間公寓。每次我遇到他時，他總是對我投以惡狠狠的眼神，這讓我非常煩惱。我該怎麼做才能讓他停止這樣的行為？

答：雖然在這次的爭執中，你的鄰居可能須要承擔 99% 的責任，但如果你不是高敏感族，或許就不會被他吵鬧的音樂所困擾。你在要求他將音樂調小聲或是向管理員檢舉他時，可能表現出了憤怒，而他可能感到被你攻擊。最終，因為你的要求，他不得不搬家。我建議你使用「1% 道歉法」，無論是面對面口頭表達，或是透過書面信件，為這場爭執中你所負的 1% 責任道歉。你可以告訴他，如果不是因為你對噪音

如此敏感，可能就不會發生這場爭執，並為你對他帶來的不便表示歉意。很有可能在你道歉後，他最後會停止對你投以不友善的眼神，而你們雙方都會感到更加平靜。

問：你不斷強調要放慢腳步，創造平和的工作環境，以減少對高敏感族的刺激。然而，現實的情況是，我須要賺錢來養活我的妻子和兩個孩子。我每天通勤一小時，為了達到業績目標，總是在工作中承受很大的壓力。我每天很晚回家，感到筋疲力盡和緊張。如果我不用工作，你的建議聽起來很好，可是對我來說，我根本沒得選。

答：聽起來你覺得自己在人生中沒有選擇，必須在高壓環境中拚命工作。或許你可以思考一下，這種信念從何而來？你從父母、朋友或老師那裡繼承了哪些價值觀，讓你相信自己必須在這種嚴峻且緊張的環境下工作？你現在的工作真的是你唯一能夠養家活口的選擇嗎？

我曾有一位學生，他的處境與你非常相似。他每堂課都告訴我，他不能離開他的工作。他是一間高級餐廳的廚師，高薪讓他能夠支付在舊金山的高額房租。他每週工作六天，不僅工時長，壓力還非常大。這樣的工作安排讓他出現了嚴重的失眠、胃潰瘍和偏頭痛。每週上課時，他都強調自己不能辭職，因為他須要養活妻子和兩個年幼的孩子。

然而，在每次課程中，他仔細思考自己是否真的非得繼續這樣高壓的工作後，他逐漸意識到這分工作對他身體和情感上的摧殘根本不值得。他轉念之後，明白自己也值得過上幸福的生活，然後找了一分

薪水較低但壓力很小的工作，並搬到了房價僅為原本一小部分的鄉村地區。後來我聽說，在他辭職後的幾個月內，他的失眠、胃潰瘍和偏頭痛幾乎都消失了。意識到生命的有限性和身體的暫時性，我們就會開始明白，人生真正的目標是培養內心的平靜。

問：由於工作規定，我須要在電話響第一聲時就接起來，所以無法實行你建議的「讓電話響三到四聲後才接，以此作為放鬆的提示」。我沒有時間做幾次緩慢的深呼吸、重複一個口訣，並想像我的肌肉放鬆。我覺得在工作中記得放鬆的想法很不錯，但這在我目前的工作中似乎不太可行。

答：電話鈴聲仍然可以作為你放慢呼吸、放鬆肌肉的提示，即使在你同時伸手接電話的過程中也可以這樣做。試著在一天中安排一些短暫的冥想休息時間，並在午休期間進行較長的冥想。即便是每小時花幾分鐘進行冥想和漸進式放鬆，也會對你的心理和生理健康帶來顯著的益處。如果你的雇主不允許你每小時稍作休息，也許你可以考慮找一分更適合高敏感族的工作。

問：我在芝加哥一間壓力巨大的辦公室工作，我旁邊的同事非常吵鬧。我試著跟她解釋我是高敏感族，但她嘲笑我，問我是哪個醫生診斷的。她說我太過挑剔，不該讓這些事情影響到我。每次我請她講話小聲點、不要大聲嚼口香糖或調低收音機音量，她都會用刺耳的聲音對我吼叫，叫我不要再介意這些小事。現在我不敢再跟任何人提到我是高敏感族。

答：美國大約有五千萬的高敏感人，而全球的高敏感人高達數億。雖然我們是少數，但也是非常龐大的少數。在美國，大約有兩億五千萬非高敏感族，而你遇到了其中一位非常不敏感的人。根據我的經驗，大多數非高敏感族的人在我解釋我的神經系統較為敏感時，都是具有同理心的。如果你遇到了一位無禮的醫生，你可能不會因此決定再也不看醫生。同樣的，不要讓一個人的行為阻礙你表達自己的真實感受。你甚至可以考慮向你的同事介紹伊蓮・艾倫所寫的《高敏感族自在心法》。然而，選擇告訴誰你的特質是很重要的。你可以嘗試與這位同事建立友誼，並找出一個折衷方案，比如戴耳機或耳塞、換位置、與主管討論這個問題，或者尋找另一分工作。

問：因為工作的關係，我必須經常出差，每個月至少有兩到三次商務旅行。我在搭飛機時經常遇到困難，例如有嬰兒哭鬧、有人踢我的椅背，或是坐在香水味很重的乘客旁邊。

答：對於高敏感族來說，搭飛機的確會是一種挑戰，因為你要面對大量的人群和過度的刺激。在旅行前做好準備，並在飛機上適時表達你的需求非常重要。如果你發現坐在有濃烈香水味的乘客旁邊，你可以立即告訴空服員你對化學物質過敏，並請求換座位。如果有人踢你的椅背，可以禮貌地請對方停止。如果無法換座位，卻又坐在哭鬧的嬰兒或吵雜的乘客旁邊，你可以戴上耳機聆聽舒緩的音樂，或者使用飛機上的音訊裝置。同時，你也可以戴上耳塞或眼罩，隔絕外界的噪音和光線。你還可以站起來，在洗手間附近稍作休息，或在機艙走道上

走動一下。如果無法改變外在環境，你也可以選擇接受當下的情況，並告訴自己這些挑戰只會持續幾個小時，很快就會結束的。

問：我先生喜歡週末外出，而我則須要在家放鬆。他是一個行動派，總是嘗試各種最新的風潮，像是攀岩還有滑翔翼，但我完全沒有興趣參與這些奇怪的活動。他批評我說我很自私，不願意和他一起參加最新的冒險。我們經常因此爭吵，我擔心我們的婚姻可能無法持續。我絕對不會去迎合他對持續刺激的需求，而他也不可能留在家陪我。

答：我建議你閱讀由伊蓮・艾倫於 2001 年所著的《戀愛中的高敏感族》。書中列舉了許多方法，可以幫助高敏感族與非高敏感族伴侶創造積極的關係。我注意到妳稱他的興趣為「奇怪」，並暗示他的高刺激需求有問題。這聽起來像是你們雙方都在負面批評彼此，且未能接受彼此的獨特性。

想要建立充滿愛的關係，關鍵在於妥協與接受。雙方都須要偶爾願意去嘗試自己平時不會做的活動。儘管妳提到自己喜歡在家放鬆，但也許妳可以試著享受在公園裡散步或在他完成如攀岩這類刺激活動後，一起來個輕鬆的野餐。同樣地，妳的先生或許也可以在家參加一些刺激的活動。也許你們可以設計一些家具，讓他動手製作。如果你們雙方都能妥協，並從愛與接受的角度出發，這段關係將有可能獲得昇華。

問：我想在晚上進行一些讓自己放鬆的活動來減輕白天的壓力，但身為一個兩歲孩子的母親，我發現自己無法執行任何建議。我無法完全

放鬆，因為我不知道什麼時候我的孩子會開始哭或須要照顧。我的小男孩很容易情緒激動，哪怕一點小事都能讓他煩躁。我非常愛我的兒子，同時我也很需要休息時間，但在目前的情況下，休息幾乎是不可能的。

回：根據妳對兒子的描述，他可能也是高敏感族。我建議妳閱讀伊蓮．艾倫的書《孩子，你的敏感我都懂》。這本書提供了許多關於養育高敏感孩子的優秀建議，並涵蓋了從孩子出生到成熟等各個時期。對妳來說，獲得來自家人、鄰居和朋友的支持非常重要。孩子的父親幫忙多少呢？妳有父母或其他家庭成員能夠支援妳嗎？妳是否嘗試過從其他有兩歲孩子的媽媽那裡來獲得支持？

確實，與蹣跚學步的孩子全天候相處，可能會讓妳難以實施我提供的許多減壓技巧，但在一天中的某些時刻，妳仍有一些空閒時間可以練習放鬆技巧。無論何時，當妳感覺到過度刺激，隨時可以進行緩慢的腹式呼吸。請記住，隨著一年又一年過去，妳將不再須要隨傳隨到地伺候兒子。試著真正享受妳兒子在這個年齡的美好，並珍惜這個稍縱即逝的嬰幼兒階段。時間過得很快，不知不覺中，妳的兒子就要去上學了。再過十四年，他可能會向妳借車鑰匙呢！

問：我從來都不覺得自己和家人合得來，因為他們都不是高敏感族。每年聖誕節我去拜訪親戚時，那趟旅程對我來說總是非常痛苦，因為我沒有任何時間可以獨處。我必須和姐姐共用一個房間，整個小房子裡都是人，無時無刻都有不停的交談聲。我很害怕去父母家過聖誕

節,但同時我又不想在節日期間孤單一人。

答:明年妳拜訪家人之前,重要的是讓他們知道妳的需求。如果妳的親戚無法提供安全、安靜的空間,或許妳可以考慮住在附近的汽車旅館,或者邀請家人來妳家過節,這樣妳就可以掌握相處的節奏。雖然妳無法決定父母如何管理他們的家庭,但妳有權利提出符合妳高敏感需求的請求。如果親戚無法配合妳的需求,或者妳無法住在附近的旅館,那麼妳須要問問自己,是否值得忍受這種情感上的壓力,待在一個對你如此不友善的環境裡。也許妳可以和朋友們一起創造出全新的、更令人愉快的聖誕慶祝方式。

問:我密切關注新聞時,會感到極度不安,甚至會做有關恐怖攻擊的噩夢。然而,即使我知道這讓我焦慮不安,我還是無法停止關注國際時事。我整天不是在看報紙、看電視新聞,就是聽廣播或瀏覽網路上的最新消息。

答:我有十二個字要送給你:關掉媒體、關掉媒體、關掉媒體!無論你多麼想改變,負面的環境影響都會滲透並影響你的意識。不幸的是,失去平衡時,你會渴望那些讓你更加失衡的東西。就像酗酒者如果待在酒吧裡很難戒酒一樣,當你沉浸在負面的新聞中,你也無法保持平靜。媒體成癮對你的情緒可能造成的破壞,與酒精對酗酒者的影響同樣嚴重。獲得個人或團體諮商的支持或許會有幫助。

我並不是說高敏感族不應該了解世界大事。只要不會對你產生負面影響,每天花五到十分鐘看看頭條新聞是可以的。然而,如果關

注負面新聞報導會讓你感到焦慮或憂鬱，那就該停止了。當你在電視上觀看每天的兇殺新聞，請問自己：如果他敲門，你會邀請他進家門嗎？絕對不會！所以，請不要讓這些兇手透過媒體進入你的家。

問：我鄰居的女兒幾年前因為走在大城市夜晚的街頭而被謀殺。她的死亡對我影響很大。我現在變得更害怕出門，而且我發現這樣的恐懼近乎偏執，似乎每個人都可能是潛在的兇手。事實是，在這個危險的世界上，壞事確實會發生在好人身上，而身為高敏感族的我，真的感到非常害怕。

答：是的，有時壞事確實會發生在好人身上。然而，多數嚴重的襲擊事件發生在危險的社區或是深夜的時候。此外，大部分的謀殺案都是由被害者認識的人（如家庭成員或熟人）所犯下。身為高敏感族，你遇到暴力事件的機率極其微小。如果你能保持謹慎並採取實際的預防措施，例如開車時鎖好車門，避免在夜晚前往危險的區域，就不須要躲在家裡擔心即將面臨的危險。事實上，你更有可能在家裡意外受傷，而不是在白天逛商場時遭遇襲擊。有時人們也會因為過度恐懼而吸引到自己害怕的事情，所以重要的是專注在吸引充滿愛與和諧的人進入你的生活中。

問：我很難入睡。我正試著按照你的建議來改善失眠，像是提早上床睡覺，不看時間。你說晚上八點之後最好不要看時鐘，並在十點前上床睡覺。如果我不能看時鐘，那我要怎麼知道時間？還有我要怎麼設鬧鐘呢？

答：你可以在晚上八點之前先設好鬧鐘，然後大約估算一下什麼時候是八點之後的兩個小時，差不多就可以準備上床睡覺了。然而，請不要讓負面的自我對話出現，不要一直想著「現在一定已經十一點了，甚至是凌晨了，我必須趕快睡著」。八點之後，你的重點應該是放鬆自己，可以冥想、讀一本讓你感到愉悅的書、泡個熱水澡、聆聽音樂或進行漸進式放鬆練習。時間往往是引發睡眠問題的負面因素。當不去計較時間，就沒有問題了。隨著在傍晚逐漸放鬆，你的身體和心靈自然會變得昏昏欲睡，最終進入深沉、平靜的睡眠。

問：我就讀一所私立學校，正在學習成為一名平面設計師。身為一名高敏感族，我處理事情的速度通常較慢。我的老師經常告訴我，我做事的速度太慢了，甚至當眾斥責我，讓我感到羞辱。他還在課堂上公開批評我，說我是個糟糕的學生，因為我用於完成作業的時間太長。他的行為非常幼稚，當學生犯錯，他常會用諷刺的語氣嘲弄我們。學校的校長告訴我，我在平面設計方面很有天賦，並且一直很支持我的作品。然而，我害怕如果我對她或我的老師說出這些情況，老師會讓我的日子更加難熬。我還須要上完這位極度不敏感的老師的幾門課程，才能畢業。

答：由於你的老師似乎是個缺乏同理心的霸凌者，告訴他你是高敏感族可能不會有幫助。既然你似乎得到了校長的支持，或許你可以與她討論這個情況。你可以解釋，你擔心如果校長責備這位老師，老師可能會讓你的生活更加困難。也許你可以建議校長制定一些教師如何對

待學生的通則，這樣這位老師就不會覺得有人在針對他。你也可以向校長展示《高敏感族自在心法》一書中提供的「教師訣竅清單」。由於大約有 15% 到 20% 的人口是高敏感族，班上可能還有其他高敏感族的學生可以與你互相分享和支持。我相信其他學生對他的粗魯行為也會感到不滿。你的老師似乎是個非常不快樂的人，你甚至可以試著對這位失衡的人練習同情心。透過培養對老師的同情心，你將提升自己的意識層次，不會受到他的行為層次拖累。

問：每當須要抽血，我就會變得非常焦慮。很多年前我曾經昏倒過，我害怕再次在抽血時昏厥。光是想到有人要把針插進我的手臂抽血，就讓我冒冷汗。我從小就對針頭反應過度。更糟糕的是，我是一名男性，而男性應該要堅強，所以我對自己的弱點感到極度尷尬和羞愧。我避免去做抽血檢查和看醫生，儘管我知道我須要做健康檢查。我該怎麼辦呢？

答：首先，你並不孤單，很多人在抽血或打針時都會感到焦慮或暈眩，這在高敏感族中尤其常見，無論男女。醫院和醫療環境對於高敏感族來說，情緒上的挑戰非常大。

須要抽血時，你可以告訴抽血人員你容易暈針，請求躺下或坐在可傾斜的椅子上休息。你也可以向抽血人員解釋你是高敏感族，並非常感激他們的體諒和理解。另外，千萬不要看著醫療人員抽血的過程，幫你打針時也不要看。與抽血人員聊天也是個不錯的方法，可以幫助你轉移注意力，當你聊完天後，檢查可能就已經結束了。

去抽血或看醫生之前，你可以服用草藥配方或傳統藥物來減輕焦慮。如果要做空腹抽血檢查，記得帶一顆水果，檢查後吃點水果可以幫助提高能量和血糖水平。最後，不要匆忙離開抽血站，這可能會加劇你的焦慮。你可以閉上眼睛休息幾分鐘，做個冥想或規劃一下今天的行程。等感覺心情平穩後，再慢慢站起來離開。

另外，真正的男人和女人有時也會昏倒。問題不在於你，而是那些延續「男人不應該昏倒」這種錯誤觀念的人。試想一下，如果看到血就昏倒的男人多一些，戰爭可能就會少一些了呢！

問：我不再去電影院看電影，因為我無法忍受旁邊的人大聲講話或吃東西。那些噪音讓我抓狂，我無法專心看電影。我太太很喜歡去電影院看電影，當我告訴她我寧願等到影片推出後再在家裡安靜觀看，她感到很生氣。

答：在一個擠滿數百人的電影院裡，總會有一些人不顧及其他觀眾的感受。你可以考慮避開人多的場次，這樣如果身邊的人太吵會比較容易換座位。如果等到新片上映幾週後，或在平日傍晚六點前去看電影，通常人會比較少。週末晚上的首映場通常是高敏感族的噩夢。

如果你找不到安靜的座位，也可以向經理反映噪音問題。我記得有一次我不得不向經理投訴一些父母，他們放任嬰兒在整場電影中不停哭泣。待經理處理後，問題就解決了。

我有一位高敏感族朋友曾告訴我，有次他對電影中觀眾的不斷說話感到非常不耐煩，於是大聲喊道：「大家能不能安靜一點！」然後

整個觀眾席都靜了下來。不過,如果你事先做好計畫,就不必對觀眾喊叫來讓他們安靜。

問:餐廳裡吵鬧的顧客讓我非常困擾。我花了不少錢來享用一頓美食,卻常常得聽到陌生人的私人談話,這讓我的用餐體驗變得很糟。我無法忍受那些大聲且刺耳的對話。如今,即使是獨自用餐的顧客,也經常對著手機喋喋不休。此外,許多餐廳的音樂非常大聲,讓人幾乎聽不清楚同伴的話。而且,我討厭夏天外出用餐,因為很可能會被冷氣吹得瑟瑟發抖。

答:現在有些餐廳評論員會對餐廳的噪音程度進行評分。選擇你去過通常較為安靜的餐廳,並試著坐在遠離吵鬧顧客的座位。如果你和用餐同伴有深入的交流,其他顧客的談話聲就不會那麼引人注意了。試著避開午餐或晚餐的尖峰時段,也可以請店員幫你換個位置,或要求調低音樂音量或冷氣。對你來說,或許外帶餐點回家,在寧靜與舒適的家中享用美食,會讓你感到比較不受干擾。

多年前,我寫過一篇餐廳指南,並且在超過三百多家餐廳用餐過。我發現,店家真的很在意顧客的意見回饋,也想讓顧客滿意。因此,別猶豫,向店家提出你的需求,讓你的用餐體驗更加愉快。

問:你提到身為高敏感族,我們應該在嘈雜的公共場所,例如候機室戴上耳塞或耳機。不過,我不喜歡感到與周圍環境脫節。如果我真的想從過度刺激的世界中抽離,我會參加靜修活動。然而,身邊許多人大聲交談真的讓我感到煩躁。

答：其實，在嘈雜的環境中戴上耳塞或耳機，可能會讓你更能專注於周圍環境。因為別人的噪音感到生氣時，你可能已經在無意識中隔絕了他們的聲音。不過，當你發現這些噪音已經被隔絕，反而可能會覺得輕鬆，甚至能夠對那些大聲講話的人微笑。有一位高敏感族學生克萊兒告訴我，她最近在餐廳裡被隔壁桌一位獨自用餐、用手機大聲講話的女人煩得受不了，幾乎想叫她安靜。但克萊兒沒有把注意力放在這位吵鬧的顧客身上，而是戴上了耳機，聽著愉快的音樂。當那位吵鬧的女人離開餐廳並對克萊兒微笑，克萊兒也能夠回以微笑。透過有效地隔絕噪音，克萊兒避免了一場潛在的衝突，反而有了正面的互動。

問：我想嘗試冥想，但我聽說有些人對冥想有不好的反應，我擔心自己可能無法處理冥想帶來的情緒反應。如果我嘗試冥想，會不會走火入魔或發瘋呢？

答：雖然確實有極少數人會對冥想產生負面反應，但我從未在我的數百名學生中見過這種情況。在開始冥想練習之前，你可以先和你的醫生討論。你可以從簡單的呼吸練習開始，慢慢地深呼吸，放鬆肌肉，閉上眼睛幾分鐘。如果這樣的經驗讓你感覺良好就慢慢增加冥想的時間。你也可以聽引導式冥想音檔或放鬆音樂。一般來說，進行慢速的腹式呼吸和放鬆肌肉不太可能會導致不良反應。

事實上，我認為不冥想的人更容易「發瘋」。僅是在上個世紀，人類就因戰爭殺害了一億人。只要自我和心智繼續追求無止盡的外在欲望，焦慮、緊張和破壞性行為就會持續增加。然而，透過冥想體驗

到超越暫時自我的真正內在本質時，便會生出一種深層的平靜感。

問：你似乎很強調靜坐冥想以達到平靜的必要性，但我發現自己很難閉上眼睛安靜地坐著。我的身體總是感到不安，無法停止移動，而我的思緒也不停地跳來跳去。我對自己無法實行這項重要的平靜技巧感到很無助。我該怎麼辦？

答：首先，如果你覺得冥想很困難，請不要因此感到內疚。你可以在冥想前進行一些溫和的運動，例如瑜伽或散步。哈達瑜伽本來就是為了讓身體和心靈放鬆而設計，幫助你更容易進入深度冥想狀態。你可以考慮參加哈達瑜伽課程，然後在課程結束後嘗試冥想。

如果你仍然覺得難以在冥想時放鬆，可以嘗試聆聽冥想指導錄音，以透過引導進入安靜的狀態。或者，你可以每小時花幾分鐘做幾次深呼吸，隨著每次呼氣，讓肌肉逐漸放鬆。你也可以嘗試行走冥想，每走一步時重複「我很平靜」或「我很安定」。你可以交替進行靜坐冥想和行走冥想。即使冥想時你的思緒像猴子一樣，從一個樹枝跳到另一個樹枝，短暫地脫離這個過度刺激的世界，你仍然能從中獲得許多身體、情感和精神上的益處。

10

選擇適合你的療癒方式

今日廣告上的療癒方式如此之多,很容易讓人感到眼花繚亂,不知道該如何選擇適合敏感細膩神經系統的療癒方式。還記得我在第一章提到的那部卡通嗎?有一個女人因為面對琳瑯滿目的牙膏品牌而感到不堪負荷,最後不得不回家躺下來休息。同樣地,你可能也會面臨一波又一波聲稱可以幫助你的治療師、療程、書籍、營養補充品和草藥,讓你感到應接不暇。

謹慎選擇

每個高敏感人都是獨一無二的。別人的蜜糖,可能是你的毒藥。我建議你在開始任何替代療法之前,先諮詢整體醫學醫師(本章稍後

會提供如何尋找整體醫師的資訊）。你須要仔細檢視每一種療法，並運用直覺來決定哪一種療法最適合你。花點時間反思下列的各種描述，並注意其中是否有任何方法讓你感到共鳴。療法的種類非常多，因此我無法列出全部的選項。如果你對某種未被提及的療法感興趣，請依照相同的標準來判斷這種療法是否適合你。

當然，療法的品質及從業者的水平也有所不同，因此我無法保證你選擇的療法一定會符合你的期望。無論是傳統醫學還是替代療法，都要慎選治療方式，並多了解相關知識。我相信本章提供的資訊會是你深入理解的良好起點。

針灸

針灸是一種中醫療法，利用細針插入身體的特定穴位，透過平衡全身的能量流動來增強免疫反應並緩解疼痛（Weil，1995 年）。

高敏感族可能會因針穿破皮膚時的輕微刺痛感而對針灸產生不良反應。對高敏感族來說，在第一次治療前與針灸師進行諮詢，確認該名治療師手法溫和非常重要。有些針灸師插針較深，可能會讓患者感覺到尖銳的疼痛，而有些針灸師的手法非常輕柔，所以患者幾乎感覺不到任何不適。你也可以考慮指壓或推拿，治療師會用手指和雙手施壓於身體的特定穴位來減輕疼痛和壓力。治療過程中，告訴治療師力道是否過大也很重要。

芳香療法

　　芳香療法是草藥醫學的分支,透過吸入從植物和草藥中提取的精油,以達到治療的目的。在情緒層面上,薰衣草、茉莉或玫瑰等香氣有助於讓人感受到寧靜平和的氛圍。精油中的化學物質透過血液、肺部和鼻竇吸收,能夠幫助治療某些身體疾病。

　　雖然芳香療法是安撫高敏感族神經系統很棒的方法,但對香氣敏感的人可能會對這種療法產生不良反應。在購買芳香療法的精油瓶和精油之前,你可以先測試一下這個療法,以及所使用的精油。通常,販售芳香療法精油的門市會提供試用瓶,這或許是個有價值的參考來源。你也可以考慮諮詢芳香療法的專業人員,或造訪網站:www.naha.org。

阿育吠陀

　　阿育吠陀源自印度,是個擁有五千年歷史的古老醫學系統。進行阿育吠陀諮詢時,專業的從業人員會評估每個人的體質,並根據個體的特定體質制定專屬的治療計畫,接著,醫師會提出具體的建議,以幫助恢復患者的身心和諧,這些建議可能包括飲食、草藥、運動、瑜伽、草藥蒸汽浴、精油按摩以及改變生活方式。

　　本書中的許多建議都是來自阿育吠陀的生活原則,旨在幫助你在這個失衡的世界中,過上和諧的生活。大多數高敏感族都屬於「風型

人」（Vata）體質，這種體質通常對外界刺激更為敏感。我強烈推薦這種整體醫學系統給高敏感族。

生理回饋

生理回饋是一種心理治療技巧，專業人員會將儀器連接到你身上以測量基本生理反應，例如心率或皮膚溫度。過程中，你可以透過螢幕查看數據，學習如何控制對外界刺激的反應。學會如何調節身體的基本功能後，便能有效減少壓力和疼痛。

雖然生理回饋訓練通常是令人愉快且放鬆的，但有些高敏感族可能會對身體被連接到儀器感到不適。開始治療前，你可以先到生理回饋診所熟悉這個過程。儘管剛開始連接到儀器時可能會有些不自在，但開始治療後，你可能會很快進入非常放鬆的狀態。

體肌療法（Bodywork）

肌肉緊繃會壓迫到神經，導致長期的壓力和疼痛。治療性按摩可以放鬆肌肉、緩解疼痛，並對神經系統產生鎮靜效果（Goldberg，1993年）。對於高敏感族來說，告訴按摩師適合的按壓力度非常重要。請記住，由於你的敏感，你可能容易吸收按摩師的能量，所以在按摩之前，請先與按摩師進行簡單的諮詢，確保你能接受他們的態度和能量。有些高敏感族不喜歡被陌生人觸摸，所以他們可能會偏好請伴侶

或親密朋友給予按摩。體肌療法的種類繁多，無法在此一一詳述，但以下列出部分常見的選項。

體肌療法的範例

費登奎斯（Feldenkrais）法是一套由動作、地板運動和體肌療法組成的系統，旨在重建中樞神經系統。這個方法可以幫助繞過身體中任何阻礙或損傷的區域，學習以更輕鬆、和諧且流暢的方式，有效率地執行動作。這種療法特別適合高敏感族，因為它具有溫和、自然且舒緩的效果。高敏感族可以利用自己的直覺，在過程中幫助自己意識到習慣和動作的微妙變化。

崔格（Trager）是一種非常溫和的身體療法，透過輕柔的搖動和彈跳動作來引導深度放鬆。治療師會輕柔地鬆開緊繃的肌肉和僵硬的關節。崔格療法也用來加強神經系統與肌肉之間的連結，這對於有慢性神經肌肉問題的人來說非常有幫助。這種方法很溫和，所以適合大多數高敏感族。

羅夫（Rolfing）屬於侵入性的身體療法，透過調節深層組織的緊張模式來重建肌肉骨骼系統。羅夫療法可釋放壓抑的情緒以及消除習慣性肌肉緊張。你可能會感到奇怪，因為我在這裡提到了一種侵入性療法，但我認為有必要讓你知道，有些按摩形式可能會過於深入，不適合擁有敏感神經系統的人。雖然我不建議大多數高敏感族選擇這種療法，但如果你能夠忍受深層的身體治療，這可能對於釋放情緒和緩解肌肉緊張非常有幫助。

整骨／整脊

脊骨神經科醫師透過調整脊椎和關節來影響神經系統。這些調整可以促進改善背部以及其他身體問題。然而，許多高敏感族可能會覺得這些調整對他們的神經系統過於刺激和具侵入性。

儘管如此，還是有一些溫和的脊椎調整方式可供選擇。整合脊椎分析（Network Spinal Analysis）是一種神經系統的調整方法，能夠達到更深層次的療癒，超越身體、情感和心理的創傷，幫助你發展新的策略，更有效地應對日常生活中的壓力。

方向性非施力技巧（DNFT）是一種結合溫和而精確的調整，透過身體智慧的指引來調整肌肉、肌腱、脊椎和椎間盤，能有效恢復關節功能，並幫助身體恢復到最佳狀態。大多數高敏感族都能從這些溫和的脊椎調整方式中受益。

諮詢及心理諮商

諮詢或心理諮商可以幫助高敏感族應對在過度刺激的非高敏感世界中的挑戰。你可以尋求持有執照的心理師、婚姻與家庭治療師或社工的幫助，也可以參加支持性的團體治療計畫。

心理諮商和諮詢有何不同？你可以將兩者視為連續體。在諮詢的那一端，你會得到資訊、建議和如何應用本書所學的技巧。然而，如果你感到不悅的情緒反覆出現（如憂鬱、焦慮、憤怒），而且這些情

緒干擾了你的生活，或是你無法應用資訊建議，就須要從心理諮商開始進行。

選擇諮詢師或諮商師時，謹慎面談幾位專業人士，找出最適合你的那位（例如行為治療師、榮格分析師等），並確保對方對高敏感族是有同理心的。你不會在看過第一輛車後就立刻購買，因此你在選擇時也不要只是回答問題，而是要準備好問題去詢問，仔細聆聽他們是否具備知識並支持你的敏感特質。你將把自己的心理健康交給這位專業人士，並長時間承受選擇的影響，所以選擇非常重要。

雖然團體治療可以是有益的過程，但部分高敏感族可能會在團體環境中感到不堪負荷、害羞或不自在。一個好的團體需要有足夠人數的高敏感成員，並且講師須要在團體環境中對高敏感族提供良好的支持和技巧。你所在的地區可能有專為高敏感族設立的團體，或者你可以遵循伊蓮‧艾倫在《高敏感族自在心法》中提到的模式，自行創立一個高敏感族討論團體。

花精療法

花精療法是利用花朵的精華來療癒身心。花精療法通常以酊劑（液體）的形式服用，其中最著名的配方之一是「急救花精」，在緊急情況下具有緩和作用。花精酊劑通常是安全的，但如同使用草藥，建議高敏感族在一開始服用較低的劑量。有些高敏感族表示「急救花精」在壓力情境中非常有幫助，因此經常隨身攜帶。

如須了解更多關於花精療法的資訊,請瀏覽網站:www.flowersociety.org。

草藥醫學

雖然運用草藥來減輕壓力或治療疾病通常是安全的,但建議在服用草藥之前,先諮詢具有草藥知識的整體醫學醫師。專業的諮詢能幫助你避免潛在的副作用。你也可以考慮向阿育吠陀、中醫、草藥學或自然療法的專業人士諮詢。選擇擁有豐富知識的專業人士非常重要,這樣才能確保在使用草藥或將草藥與西醫結合時,不會產生任何不良反應。欲知更多有關高敏感族適用的草藥資訊,請參考第四章。

整體醫學／替代醫學醫師

整體醫學或替代醫學醫師是接受過草藥、中醫、營養補充品(如維生素、礦物質和氨基酸)、營養學、順勢療法或針灸等訓練的醫師。尋求這類醫師協助的優點在於他們了解使用草藥和補充品的副作用,並且有能力開立適合的診斷檢查。

順勢療法

順勢療法是利用高度稀釋天然物質製成的療劑,來促進患者身體

產生自癒反應。許多順勢療劑能幫助帶來內心的平靜與安寧。順勢療法在英國已行之有年。為了避免任何不良反應，可以考慮諮詢具備順勢療法專業背景的醫師，或確認施療者對於潛在的副作用具備充足的知識。大多數順勢醫學醫師會建議患者避免使用其他形式的療法，包括一般西藥和草本配方，因為這些可能會干擾療效。

雖然順勢療法通常是安全的，高敏感族在使用時仍須謹慎。

催眠療法

催眠療法會引導個案進入一種高度受暗示性的狀態，在潛意識中植入建議，幫助你改變行為、信念以及放鬆。催眠療法對治療壓力、焦慮、恐懼和憂鬱等情緒問題十分有效，並能幫助提升對負面刺激的容忍度。

個案須要願意參與此過程才能讓催眠發揮作用，但某些高敏感族可能會害怕在催眠過程中失去控制。我建議高敏感族與催眠治療師多見面幾次，以熟悉這個過程。對於某些高敏感族來說，如果沒有仔細了解或熟悉催眠過程，直接進行催眠可能會造成過大的壓力。然而，只要高敏感族對這些過程感到安心，催眠療法就可以減輕因過度刺激所引發的焦慮感。

冥想

在冥想過程中,你不會對過去的事情做出反應,也不會為未來擔憂。專注冥想(Concentrative Meditation)是將注意力集中在呼吸或梵咒(mantra)上;而正念冥想(Mindfulness Meditation)則是在不做任何反應的情況下,成為自己思維的見證者(Goldberg,1993年)。

冥想有許多流派,這些流派都教授專注冥想和正念冥想。開始建立規律的冥想練習之前,建議你深入了解各種冥想技巧。你須要運用判斷力和直覺,選擇最符合自身敏感度的方式。

冥想方法眾多,以下列出一些常見且有效的專注冥想方式:融合式甘露冥想技巧(Integrated Amrita Meditation Technique)是一種非常有效的放鬆方法,特別適合於難以集中注意力的人;超覺靜坐冥想(Transcendental Meditation, TM)是一種簡單的心理技巧,通常每天練習兩次,每次約二十分鐘。許多科學研究顯示,在進行超覺靜坐的過程中,身體能達到比普通休息更深層的放鬆(Goldberg,1993年)。悟真會(Self-Realization Fellowship)也教授多種有助於平靜內心與喜悅的冥想技巧。

在正念冥想中,佛教冥想是一種很受歡迎的形式,它強調對自己的呼吸、姿勢以及心中產生的想法保持有意識的關注。一行禪師提供的正念冥想靜修營非常有助於平靜神經系統,幫助冥想者活在當下。最後,內觀冥想(Vipassana Meditation)是另一種有助於深層內在平靜的正念冥想方式。

如需更多資訊,請參考以下資訊:

融合式甘露冥想技巧(Integrated Amrita Meditation Technique);

超覺靜思冥想(Transcendental Meditation);

悟真會(Self-Realization Fellowship);

佛教冥想(Buddhist Meditation);

正念冥想(Mindfulness Meditation);

內觀冥想(Vipassana Meditation)。

自然療法

自然療法執行師透過結合多種替代療法來協助身體的自癒過程,包括根據個人需求調整飲食、使用草藥和改變生活習慣。自然療法重視處理失衡的根本原因,而非僅僅緩解症狀(Goldberg,1993 年)。這種溫和且全方位的療癒方式對大多數高敏感族可能會有所助益。如需更多資訊,請瀏覽網站:www.naturopathic.org。

隔絕艙/漂浮艙

漂浮艙是使用紙板或木頭及塑膠內裡製成的結構,尺寸約為長二・一公尺、寬一・二公尺、高一・二公尺。艙內完全漆黑,當人的耳朵浸泡在二十五公分深的鹽水中,將達到聲音隔絕效果。在這個子宮般的環境中,身體漂浮在極高濃度的鹽水上,隔絕艙將剝奪你一切

的感官。

　　無刺激的氛圍對高敏感族可能有益。然而,部分高敏感族可能會對在黑暗密閉空間的鹽水上漂浮感到恐懼,或者感到鹽水會引起皮膚不適。因此,進入漂浮艙之前,務必充分了解艙內運作方式。第一次體驗時,可以短暫待在艙內,逐步適應新環境,並學習如何隨時打開艙門以便離開。隨著你在無刺激的環境中感到安心,便可體驗到極為深層的平靜。

　　如需更多資訊,請參考網站:www.floatation.com/wheredetails.html#USA。

結語

　　雖然本書即將結束,但你追求內心平靜的旅程才剛開始。我相信,隨著你逐步將本書的建議融入到生活中,你會體驗到更多的喜悅與寧靜。請記住,你並不孤單。在每個國家都有數百萬名高敏感族,和你一樣在適應敏感的神經系統。現在,你擁有應對這個過度刺激世界的技巧,能夠真正享受身為高敏感族的美好。

　　願你擁有健康、內心的平和與喜悅。

延伸閱讀

此部分介紹了一些書籍，協助高敏感族實踐應對策略。

《阿育吠陀原理：自我修復的科學》（2023年），作者維桑特・賴德（Vasant Lad）：這本書介紹了阿育吠陀的療癒系統，協助高敏感族過上和諧的生活。

《高敏感族自在心法：你並不孤獨，只是與眾不同》（2017 年），作者伊蓮・艾融：這是關於高敏感族的經典著作，每位高敏感族都應該閱讀。

《孩子，你的敏感我都懂》（2023 年），作者伊蓮・艾倫：如果你有在撫養或照顧高敏感的孩子，這本書不容錯過。

《啟動高敏感的愛情天賦：幸福是你與生俱來的感受力》（2018年），作者伊蓮・艾融：簡潔描述了高敏感族在親密關係中的特質，並提供了與高敏感族及非高敏感族互動的建議。

《The Highly Sensitive Person's Workbook》（1999年），作者伊蓮・艾倫：本書提供具體的練習，幫助高敏感族重新看待自己的生活、應對方法，並分享如何建立高敏感族的討論小組。

《創造生命的奇蹟：影響五千萬人的自我療癒經典》（2012年），作者露易絲・賀：這本寶貴的書籍能幫助你透過正面肯定語句改變習

慣，療癒情感和身體問題。

《一念之轉：四句話改變你的人生》（2007年），作者拜倫・凱蒂：這本書介紹了一種自我探詢的過程，透過接受現實來面對困境。

《Making Work Work for the Highly Sensitive Person》（2004年），作者芭莉・喬格（Barrie Jaeger）：提供高敏感族建立自信、應對壓力，並找到在情感、財務及創意上獲得滿足的工作的策略。

《當下的力量》（2015年），作者艾克哈特・托勒：此書幫助讀者透過專注於當下找到內心的平靜。

《橘子禪：呼吸，微笑，步步安樂行》（2020年），作者一行禪師：本書被譽為法師代表作品之一，提供許多透過正念專注當下來創造寧靜的技巧。

《Perfect Health》（1991年），作者狄帕克・喬布拉（Deepak Chopra）：由國際知名醫生所著，教導如何根據阿育吠陀過上健康且和諧的生活。

《Searching For God, Part I》（1997年），作者泰德・澤夫：這本書是關於一位高敏感人士靈性旅程中激勵人心的故事。

《Searching For God, Part II》（2002年），作者泰德・澤夫：本書延續了高敏感族靈性旅程的感人故事。

《自癒力-痊癒之鑰在自己》（2000 年），作者安德魯・威爾：本書是知名替代療法醫師安德魯・威爾的著作之一，提供適合高敏感族的自然療法技巧。

《Stop Aging Now》（1995 年），作者珍・卡波（Jean Carper）：指出了補充品、草藥和食物的有效性，對免疫系統較弱或承受壓力相關疾病的高敏感族大有裨益。

高敏感族網站資源

www.hsperson.com Elaine Aron 的網站提供有關高敏感族書籍的資訊、電子報「舒適圈」以及年度聚會的最新消息。

www.drtedzeff.com 泰德・澤夫的網站提供高敏感族的應對策略、CD格式的療癒計畫，以及個別指導服務。

www.hspwork.com Barrie Jaeger 的網站為高敏感族提供找到情感、財務和創意方面令人滿意工作的策略。

www.lifeworkshelp.com Jacquelyn Strickland 的網站分享了高敏感族生活資訊，並包括年度高敏感族聚會的訊息。

www.highlysensitivepeople.com Jim 和 Amy Hallowes 的網站提供了高敏感族與非高敏感族伴侶如何應對相處挑戰的建議。

www.sensitiveperson.com Thomas Eldridge 的網站包含了高敏感族商業和專業目錄、書籍與連結頁面,以及討論板。

參考資料

Amritaswarupananda, Swami. 1989. Awaken Children: Dialogues with Ammachi, Volume I. Kerala, India: M.A. Mission Trust.

———. 1994. Ammachi: A Biography. San Ramon, CA: M.A. Center.

Aron, Elaine. 1996. The Highly Sensitive Person. New York: Carol Publishing.

———, 1999. The Highly Sensitive Person's Workbook. NewYork: Broad-way Books.

———. 2001. The Highly Sensitive Person in Love. New York: Broadway Books.

———. 2002. The Highly Sensitive Child. New York: Broadway Books.

Barks, Coleman and John Moyne. 1999. Open Secret. Aptos, CA: Threshold.

Becker, Marty. 2002. The Healing Power of Pets. New York: Hyperion.

Bhat, Naras. 1995. How to Reverse and Prevent Heart Disease and Cancer. Burlingame, CA: Kumar Pati.

Carper, Jean. 1995. Stop Aging Now. New York: Harper Collins.

Chopra, Deepak. 2001. Grow Younger, Live Longer. New York: Three Rivers Press.

———. 1991. Perfect Health. New York: Three Rivers.

———. 1994. Restful Sleep. New York: Three Rivers Press.

Cook, Kathy. 2001. Ryan's well. Canadian Reader's Digest January 2001.

Cousins, Norman. 1983. The Healing Heart. New York: Norton.

Dalai Lama and Howard Cutler. 2003. The Art of Happiness. New York: Riverhead Books.

DeGrandpre, Richard. 1999. Ritalin Nation. New York: W W Norton.

Federal Drug Administration. 2003. Report on mercury measurements in 39 seafood varieties.

Field, Tiffany. 2000. Touch Therapy. New York: Harcourt Brace.

Frawley, David. 1989. Ayurvedic Healing. Salt Lake City, UT: Morson.

Friedman, Meyer and Ray Rosenman. 1974. Type A Behavior and Your Heart. NewYork: Fawcett Columbine.

Glass, D. C. and M. L. Snyder. 1974. Time urgency and the Type A behavior pattern. Journal of Applied Psychology 4:125.

Goldberg, Burton. 1993. Alternative Medicine: The Definitive Guide. Tiburon, CA: Future Medicine.

Hanh, Thich Nhat. 1991. Peace Is Every Step. New York: Bantam.

Hay, Louise. 1987. You Can Heal Your Life. Santa Monica, CA: Hay House.

Jacobs, Gregg. 1998. Say Goodnight to Insomnia. New York: Henry Holt.

Jaeger, Barrie. 2004. Making Work Work for Highly Sensitive People. New York: McGraw-Hill.

Katie, Byron. 2002. Loving What Is. New York: Harmony Books.

Kindlon, Dan and Michael Thompson. 1999. Raising Cain. New York: Ballantine.

Kivel, Paul. 1992. Men's Work. Center City, MN: Hayeldon.

Lad, Vasant. 1984. Ayurveda: The Science of Self-Healing. Wilmot, WI: Lotus Light.

Murray, Elizabeth. 1997. Cultivating Sacred Space. Novato, CA: Pomegranate Press.

Myss, Caroline. 1996. Anatomy of the Spirit. New York: Three Rivers Press.

Peace Pilgrim Friends. 1982. Peace Pilgrim: Her Life and Work in Her

Own Words. Santa Fe, NM: Ocean Tree Books

Pelletier, Kenneth. 1977. Mind as Healer, Mind as Slayer. New York: Delacorte.

Pollack, William. 1998. Real Boys. New York: Random House.

Ramakrishna Swami. 2003. Racing Along the Razor's Edge. San Ramon, CA: M.A. Center.

Rosch, Paul. 2003. Report on stress. American Institute of Stress. Yonkers, NY.

Rosenfeld, Barry. Having a sense of spiritual well-being. The Lancet Journal May, 2003

Roskies, Ethel. Effectiveness of an intervention program for coronary prone man agers. Journal of Behavioral Medicine June, 1979.

Sullivan, Nancy. 1978. Treasury of American Poetry. Garden City, NY: Doubleday

Tolle, Eckhart. 1999. The Power of Now. Novato, CA: New World Library.

U.S. Department of Labor. 2004. O*NET Dictionary of Occupational Titles. Indianapolis, IN: Jist Works.

Wallace, Keith. 1970. The effectiveness of the transcendental meditation program. Science Magazine 167:1751–1754.

Weil, Andrew. 1990. Natural Health Natural Medicine. Boston: Houghton-Miffler.

———. 1995. Spontaneous Healing. New York: Knopf.

Whitaker, Julian. 2001. Reversing Diabetes. New York: Warner Books.

——. 2004. Serious problems reported with supplements. Medical Alerts 14:7.

Worwood, V. 1997. The Fragrant Mind. London: Bantam Books.

Zeff, Ted. 1981. The Psychological and Physiological Effects of Meditation and the Physical Isolation Tank on the Type A Behavior Pattern. Ann Arbor, MI: University Microfilms.

——. 1997. Searching For God. San Ramon, CA: Shiva Publishing.

——. 1999. Healing Insomnia Home Study Guide. San Ramon, CA: Zeff Publishing.

——. 2002. Searching For God, Part II. San Ramon, CA: Shiva Publishing.

Note

高敏感的你要這樣守護自己：舒緩焦慮，找回內在平靜的心靈療癒指南/泰德．澤夫(Ted Zeff)作；詹婉樺譯. -- 初版. -- 新北市：世茂出版有限公司, 2025.05
　　面；　　公分. -- (心靈叢書；34)
譯自：The highly sensitive person's survival guide : essential skills for living well in an overstimulating world
ISBN 978-626-7446-69-0(平裝)

1.CST: 神經質性格 2.CST: 情緒管理 3.CST: 生活指導

173.73　　　　　　　　114001960

心靈叢書34

高敏感的你要這樣守護自己：舒緩焦慮，找回內在平靜的心靈療癒指南

作　　　者／泰德・澤夫
譯　　　者／詹婉樺
主　　　編／楊鈺儀
封面設計／林芷伊
出　版　者／世茂出版有限公司
地　　　址／(231)新北市新店區民生路19號5樓
電　　　話／(02)2218-3277
傳　　　真／(02)2218-3239（訂書專線）
劃撥帳號／19911841
戶　　　名／世茂出版有限公司
　　　　　　單次郵購總金額未滿500元（含），請加80元掛號費
世茂網站／www.coolbooks.com.tw
排版製版／辰皓國際出版製作有限公司
印　　　刷／世和彩色印刷股份有限公司
初版一刷／2025年5月

Ｉ Ｓ Ｂ Ｎ／978-626-7446-69-0
Ｅ Ｉ Ｓ Ｂ Ｎ／9786267446683（EPUB）9786267446676（PDF）
定　　　價／360元

THE HIGHLY SENSITIVE PERSON'S SURVIVAL GUIDE: ESSENTIAL SKILLS FOR LIVING WELL IN AN OVERSTIMULATING WORLD by TED ZEFF, Ph.D., foreword by ELAINE N. ARON, Ph.D
Copyright: © 2004 by Ted Zeff
This edition arranged with NEW HARBINGER PUBLICATIONS through BIG APPLE AGENCY, INC. LABUAN, MALAYSIA.
Traditional Chinese edition copyright:
2025 Shy Mau Publishing Group(ShyMau Publishing Company)
All rights reserved.

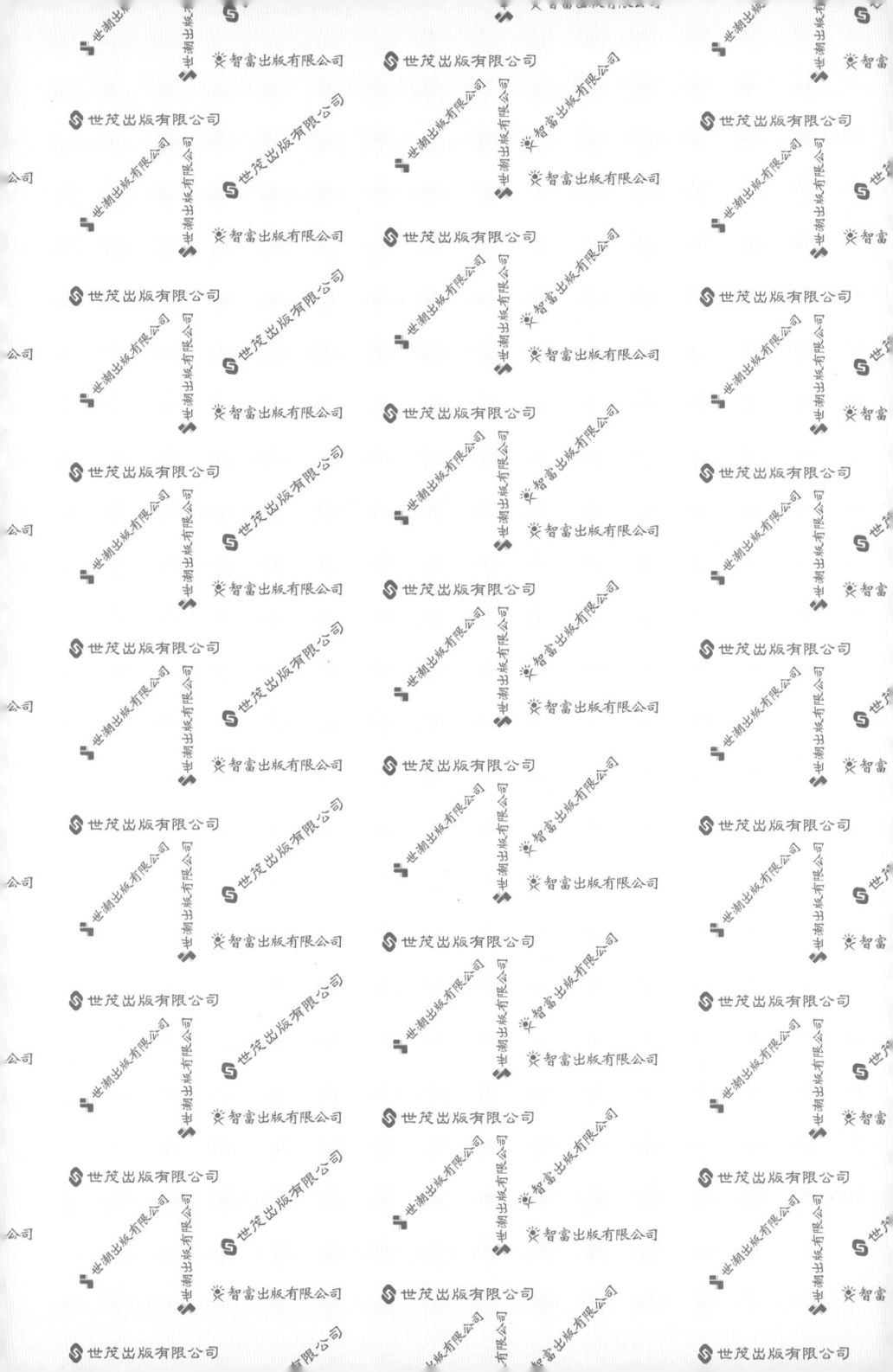

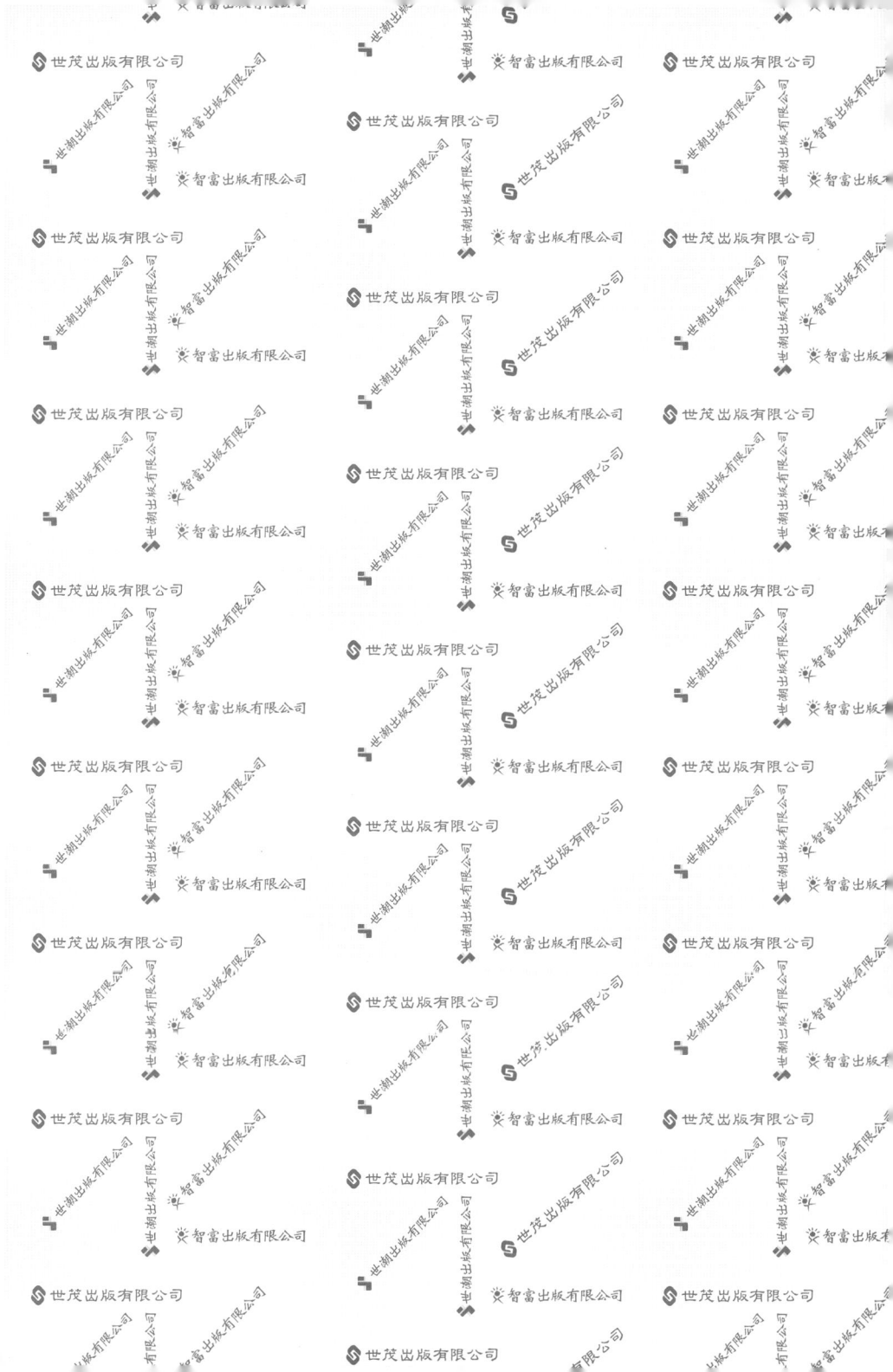